郭志坤 陈雪良 著

提问孔子

千秋学人
万世师表

提问诸子丛书

黄坤明 主编

上海人民出版社

图书在版编目(CIP)数据

提问孔子/郭志坤,陈雪良著. —上海:上海人
民出版社,2017
(提问诸子丛书/黄坤明主编)
ISBN 978-7-208-14256-5

Ⅰ.①提… Ⅱ.①郭… ②陈… Ⅲ.①孔丘(前551-
前479)—人物研究 Ⅳ.①B222.25

中国版本图书馆CIP数据核字(2016)第303129号

出版统筹　孙　瑜
责任编辑　楼岚岚
装帧设计　范昊如

· 提问诸子丛书 ·
黄坤明　主编
提 问 孔 子

郭志坤　陈雪良　著
世 纪 出 版 集 团
上海 人民出版社 出版
(200001　上海福建中路193号　www.ewen.co)
世纪出版集团发行中心发行　上海中华商务联合印刷有限公司印刷
开本 720×1000　1/16　印张 11　插页 4
2017年1月第1版　　2017年1月第1次印刷
ISBN 978-7-208-14256-5/B·1237
定价 58.00元

总 序

黄坤明

读诸子百家书,发觉古贤的思维模式有一个显著特点:善于提问。"孔子入太庙,每事问。"(《论语·八佾(yì)》)这个典故是人们熟知的。说孔子来到祭祀周公的太庙,提问频率之高,问题触及面之广,使亲历其境的人们感到惊异:都说孔子知礼,怎么还提问不断呢?面对发问,孔子的回答既简洁又精彩:"是礼也!"其意是讲,我是个善于提问的人,善于提问才使我真正知礼啊!这是发生在孔子早年的事。"三十而立"后的数十年间,无论是教学弟子,还是答问友朋,或者与列国君臣周旋,孔子都喜欢用提问的方式来探求真知。在诸子中,孔子的影响是最大的,用司马迁的话说,是"学者宗之"的。正因为如此,孔子倡导的提问式思维模式影响了一代又一代文人墨客,成为中华文化的好传统。

提问对人来说真是个奇妙的东西,它会使人兴奋,使人坐卧不安,使人有索解的欲望,使人有不倦的探求精神。一个问题解决了,又会有新的问题产生。任何一个人都永远生存于提问和被提问之中。我们完全可以这样说,提问是驱动思想发展的真正的"永动机"。

我们常说,理论始于问题,科学始于问题,我们又何尝不可以说,学习始于问题呢?

我们常说,提出问题往往比解决问题还要难,其价值也往往更大。善于提问,敢于提问,正是孔子等先哲留给我们的一份极为珍贵的遗产。

我们着手策划这套有关前贤先哲的丛书的时候,孔子等先哲倡导的

"提问"思维模式一下激活了我们这些后学的思维。先哲们的思想是不朽的。为何不把先哲请到"前台"进行访谈呢？他们的身世如何？他们是怎么生活和学习的？为了传播学说，他们又是怎样远行千里的？说是学习，他们有没有实际意义上的课堂？他们手里捧着的又是何种意义上的"书本"？他们四处游说的学术主旨是什么？……甚至他们穿的服饰、吃的食品、驾的车辆都会在我们的心头形成一个个有情有趣、有滋有味的问题。

有鉴于此，我们将这套丛书取名为"提问诸子丛书"。这里有跨越时空的对话、通俗流畅的语言、富含哲理的剖析、见解独特的解说、图文并茂的装帧、考之有据的典章、实地拍摄的文物图片。我们所做的一切，都是冀望读者能喜欢这套独具特色的图书。

2010年春于杭州

目　录

前 言

一个孔子，引发了世人的几多思索，几多感慨。两千五百年来，可以说，环绕其人其事是问题不断，争议不绝。但最终人们还是肯定了他。"大哉，孔子！"他在世时人们的一句赞誉之词，终究被历史所肯定，所传颂。

孔子是中国历史的真正"形象代言人"——

孔子的外部形象是伟岸的。据载："孔子长九尺有六寸，人皆谓之'长人'而异之。"（《史记·孔子世家》）可见，他是身高二米多的古代"东方小巨人"，健康而高大。

孔子的道德形象是高大的。"夫子温、良、恭、俭、让以得之。"（《论语·学而》）他的温和，他的善良，他的谦恭，他的朴实，他的忍让，会使人想到我们这个民族的整体形象。

孔子的礼仪形象是美好的。"礼之用，和为贵。"（《论语·学而》）"不学礼，无以立。"（《论语·季氏》）他不只把"礼"看成是一种具体仪式，而且当作和谐社会、立身处世的要件。"礼仪之邦"的说法就始于孔子。

孔子不只代表了他所处的那个时代，还昭示着历史的未来和走向。当有人问他是否可以预测后十世的世事时，他说："后百世可知也。"依中国传统的一世为三十年计算，百世则是三千年。孔子是说他做的一切，意在弄懂之后三千年的历史走向，为三千年后的世人造福。此为伟大的预见。孔子不是神，而是人，是"大哉，孔子"！

《提问孔子》这部书，就是想通过对有关孔子的诸多问题的解读，还原孔子这位中国历史"形象代言人"的真实面貌，并从他那里去寻找智慧。

.

二龙五卷

鲁襄公二十二年十

一月庚子孔子诞生

之愿有二龙绕宣五

老降庭

第一章

人生地图

　　每个人都在用自己的人生经历描绘着自己的"人生地图"。孔子说："吾十有五而志于学，三十而立，四十而不惑，五十而知天命，六十而耳顺，七十而从心所欲，不逾矩。"（《论语·为政》）这清晰地画出了他的人生路线图，对此，我们该如何解读呢？……

现在有些史学著作上，称您出生在一个"贵族平民"之家。这就使我们感到迷惑不解了，贵族之家就是贵族之家，平民之家就是平民之家，怎么会是"贵族平民"呢？"贵族平民"是否代表了一个家族的发展历程呢？

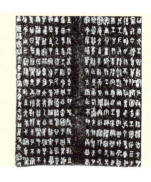

孔子：各位有所不知。"贵族平民"这一提法不错，它生动地反映了我的家族从贵族往平民下滑的过程。我的先世是商代的王室。周灭商，封微子启于宋，遂从王室降为诸侯。从微子启到我这一辈，大约传了十六代，其中最值得一提的重要人物是弗父何，他是微子启的第五代子孙。当时宋室矛盾犬牙交错，弗父何是长子，按"父子相传"的惯例他本该当政，可是他偏不，他让位给了自己的弟弟，自己当臣下。这样，我家又从诸侯下降为卿。到我的六代祖孔父嘉时，宋国发生内乱，孔父嘉被杀，孔氏处于

西周中期史墙盘及铭文拓片

盘内铭文二百八十四字。墙为赞颂文、武、成、康、昭、穆、共七王的业绩，并祈求多福而作盘纪念（陕西扶风出土）。这些明君正是孔子所推崇的。

十分困难的境地。我的三代祖孔防叔，始奔鲁，为防大夫，地位又降为大夫。到孔防叔的孙子叔梁纥，就是我的父亲时，已经无权无势也无财，只是一名以勇敢著称的一介平民了。

这与后世不断"坠入困顿"的鲁迅差不多。鲁迅说："我以为在这途路中，大概是可以看见世人的真面目的。"也许是因为我看见了世人的真面目，让我具有锐利的目光，我才会"知其不可为而为之"地去变革社会。

麟吐玉书（选自明彩绘绢本《圣迹之图》）

图说孔子出生之前，有麒麟降落在孔家庭院，口吐玉书，书中写着"水精之子，系衰周而素王"十字。孔子母亲颜征在甚感惊异，便以绣有花边之布系在麒麟角上。次日麒麟离去。

据《左传》记述，鲁大夫孟僖子曾说："孔丘，圣人之后。"您自己也一直以"圣人之后"自谓。请问：这是一句客套话，还是一种实指？

司母戊鼎及司母戊鼎铭文

　　商王为纪念他死去的母亲"戊"而制作。倡导孝道的孔子若见此物，有何感慨？想必会说，我先民殷人乃崇尚先祖者也。

孔子：这应该是实指。我祖上的那位圣人指的是正父考，是我的七世祖。他曾辅佐宋戴公、宋武公、宋宣公三代君主，功业卓著，被封为上卿。但是，他很懂得自律，三次受命辅政，都表现得十分谦恭。第一次受命时，"曲身而受"；第二次受命时，"折腰而受"；第三次受命时，"俯身而受"。他地位越尊，态度越谦，走路时循着墙边走，对谁也不敢怠慢；常常只喝粥，不追求什么享受。这位先祖圣人对我的影响太大了。他的谦恭、他的自律、他的敬重众人、他的节俭、不时出现在我眼前，对我的一生产生了重大影响。

尼山致祷（选自明彩绘绢本《圣迹之图》）

　　图说鲁国郰邑大夫叔梁纥与夫人颜征在到尼山祈祷山神赐予儿子，第二年孔子出生。因孔子"生而首上圩顶"（《史记·孔子世家》），宛若尼丘山，故取名孔丘。又因排行第二，取字仲尼。

二龙五老（选自明彩绘绢本《圣迹之图》）

　　图说鲁襄公二十二年（公元前551年），孔子出生那天早晨，有两条龙在空中盘旋起舞，且有五位仙人降于庭院。

如果有人问：孔子姓什么？人们会以为他是在开玩笑。孔子当然姓孔，还用怀疑吗？可是，有学者偏要怀疑，偏要考证，说孔门一族原先本不姓孔，以孔为姓是后来的事，您觉得这样的考证有意义吗？

孔子：意义是有的，从姓氏之变化可以追寻出一个家族的演变史来。追溯姓氏，说来话长了。我常说自己是殷商之人，殷商的始祖是契。这契可是让我感到荣耀得不得了的千年远祖。契帮助大舜治理国家，辅佐大禹治水，劳苦功高。于是，契被封于商，赐姓"子"。"天命玄鸟，降而生商。"（《诗经·商颂》）"子"姓寓意这一族是"玄鸟"之后代。

被孔子称为"大孝"的舜帝

舜帝继尧帝而立，是中国上古社会"五帝"中的第四帝。

这样看来，我家祖上该姓"子"。漫长岁月，世事变迁，"子"姓家族也由盛而衰，由衰而盛，几度荣辱。周武王把微子启封于宋。这是我更直接一点的祖先。这时的孔门家族该姓"宋"。

我的一位远祖正考父晚年得子，生下玲珑乖巧的一个大胖儿子。这使宋君很高兴，热热闹闹地为孩子举行了一个"赐族之典"，赐孩子为"孔父嘉"——当时"孔父"是字，"嘉"是名。

孔子家族的这个"孔"字第一次浮出水面。

中国历史上有个传统说法，叫做"五世乃迁"，意思是经历五代就可以另立新姓了。从弗父何到孔父嘉刚好五世，于是这个家族的这一支就将"孔父嘉"这个名字的第一个字"孔"定为姓了。这姓一定下来就是数千年，再也不愿"迁"了。

命名荣觊（选自明彩绘绢本《圣迹之图》）

图说鲁昭公十年（公元前532年），孔子儿子出生之时，鲁昭公赐鲤鱼以表祝贺。孔子就给儿子取名为"鲤"，字伯鱼，以感国君之宠信。此事载于《孔子家语》。

一般人认为，"孔"有深远、盛大之意，赐之以"孔"姓，是寄托了前辈对后辈的一种希望，祝愿后代能光大祖宗之德泽，成就世代之事业。可是，我们在孔子后裔编的《孔子家族全书》中看到了另一种说法，把"孔"姓与"龙文化"联系了起来。这样说，妥吗？

孔子极为推崇的周武王

周武王是周代的创建者，是中国传统社会道统中的最重要人物之一。

孔子：后世的书籍中，常把"孔"姓与"龙文化"联系起来，以体现"孔"姓含义之深刻。"孔"这个字由两部分组成，左边是一个"子"字，右边是一个"乙"字。"子"，很清楚，是我孔子远古家族的姓。"乙"是什么呢？我们的民族是富于想象力的，说那是一只迎着朝阳展翅而飞的燕子，也就是《诗经》中说的"玄鸟"。后来，社会发展了，进而视为"龙"。看，"乙"字的字形曲曲弯弯的，上为首，下为尾，不就是一条活灵活现的"中华龙"吗？以"乙"配"子"，不正好应了"龙的传人"的说法吗？我认为，这样联系不是没有道理的。这样读解，也是挺有诗意的！

孔子之父叔梁纥墓

蒙古乃马真后三年（1244年）始立墓碑。

孔宅故井

5

您的父亲叔梁纥，是位平民身份的武士，在战乱频仍的春秋时代，武士以千万计，一般都活不成名，死不传世，为何唯独您的父亲事迹昭于史乘，英名传之后世呢？

至圣庙牌匾

孔子：我父亲在世时大约是我孔族迁鲁的第三或第四代，没有什么根基。《史记·孔子世家》中说："孔子生鲁昌平乡陬（zōu）邑。"这"陬"是山脚、山的角落的意思，说明当时孔家居住的地方不一定是穷乡，但肯定是僻壤。我父亲叔梁纥当了陬邑的大夫，相当于一个大村庄的保卫干事。

据《左传·襄公十年》记载，在一次逼阳人与晋人的战斗中，叔梁纥大显身手。逼阳城有两重门，一为晨夕开关出入之门，一为战时用的重门。晋人攻来，逼阳人先是开晨夕之门诱对方入内，当晋人部队进入一半时，逼阳城的重门突然放下，将已入城的与未入城的部队一切为二，欲分而歼之。这时，随晋军而至的叔梁纥挺身而出，双手托起重门，让进城的队伍顺利退出。这一事迹使原先没有多少名气的叔梁纥一下成了力大无比的英雄，连《春秋左传》也记述了。这对我后来形成"知、勇、仁"的道德观大有助益。

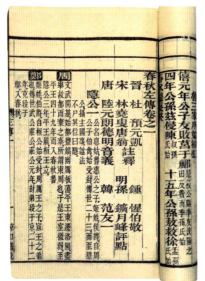

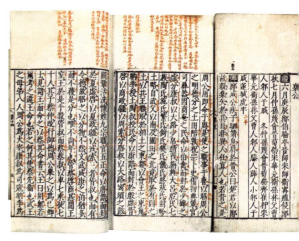

《左传》书影

关于您的出生，从来语焉不详。从各种史料看，大致有"野合"说、祈祷而生说、梦生说、私生子说，种种说法都有一些因由。在您看来，哪种说法更符合实际呢？

下马碑

金代明昌二年（1191年）孔庙始立"官员人等至此下马"石碑，今碑为明代永乐十五年（1417年）重刻。此碑是尊孔的生动体现。

孔子："私生子说"的根据也许是说我自称"吾少也贱"一语，把"贱"解释为身份低贱的"贱"了。其实，此"贱"是说贫贱，是指社会身份的卑贱，不能入属于贵族阶层的士君子之林，与私生的"贱人"无涉。至于"祈祷而生说"和"梦生说"，都是一种颇

具神话色彩的荒诞之说，说我的父亲和母亲祈祷于尼丘山，感受黑龙的精灵而生我。此说见于东汉郑玄《礼记·檀弓》正义所引《论语撰考谶》。《春秋演孔图》中说我："母征在梦感黑帝而生。"这种荒诞的说法，实在玄虚至极。不过，在原始宗教还有市场之时，将出生附会于神话，是不足为奇的。

说实在的，关于我的身世，还是司马迁说得比较符合实际。他在《史记·孔子世家》中说："孔子生鲁昌平乡陬邑，伯夏生叔梁纥。纥与颜氏女野合而生孔子。"对于"野合"，后人又作了随意的解释和附会。唐朝人作过一个解释，认为这是叔梁纥年老而颜征在年少，两人的结合不符合礼仪。如唐朝司马贞所撰《史记索隐》便说："今此云野合者，盖谓梁纥老而征在少，非当壮室初笄之礼，故云野合，谓不合礼仪。"

孔子故宅门

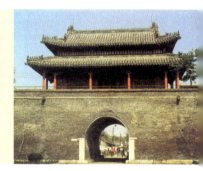

这就向我们透出一个信息：总体上看，唐朝是一个极为开放的社会，但在婚姻问题上又是相当保守的，保守得有点儿拘谨，认为只有"壮室初笄"的结合才符合礼仪，孔父孔母之合就不合礼仪。对吗？

曲阜城鼓楼

孔子：我父亲叔梁纥是当时鲁国有名的武士，他先娶了鲁国的施氏，生了九个女儿，但是没有儿子。在男尊女卑的社会，没有儿子是备受歧视的。于是我父亲又纳了一名小妾，生了一个儿子，取名孟皮，但又是残疾。于是我父亲娶了我的生身母亲颜征在。当时我父亲已经六十六岁，而我母亲还不到二十岁。须知，我父亲的一娶再娶，正是为了符合当时的传宗之礼，唐代人所说不合礼仪论，显然是没有道理的。

观川亭

相传为孔子曰"逝者如斯夫，不舍昼夜"处，金代建亭纪念。观川亭位于尼山孔庙东南角，下方就是夫子洞。

曲阜城钟楼

《史记》有载，您母亲颜征在十分忌讳你父亲墓之所在，在生前从没告诉过您是谁的儿子，因此您才不知道父亲叔梁纥葬在哪里。您母亲为什么要这样做呢？有人猜测那是因为他们的结合不光彩之故。您认为是这样吗？

孔子：这完全是一种想象和猜测。把"野合"解释为"男女苟合"，主要是后代人的说法。春秋时期保留着许多原始的婚俗遗风，"野合"并非像现在这样被人嗤之以鼻，墓砖、岩画、绘画、雕刻中常有"野合图"，野合之风沿袭甚久。"野合"一词最早见于《史记》，在《孔子世家》有载："纥与颜氏女野合而生孔子。"司马贞在《史记索隐》中说："今此云野合者，盖谓梁纥老而征在少，非当壮室初笄之礼，故云野合，谓不合礼仪。"当时，我的父母"祷于尼丘"，尼山上的"夫子洞"，很可能就是他们谈情说爱的地方。

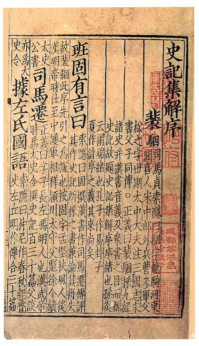

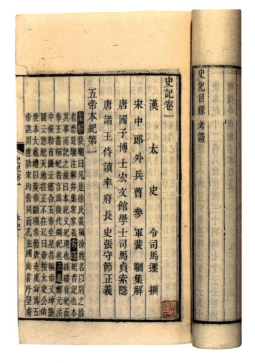

《史记》书影

《史记·孔子世家》说："孔子贫且贱。"您自己也一再说"吾少也贱"。这样一种生活境况，具体表现如何？

圣人之门

孔子： 可以说，《史记》中说的"贫且贱"和我自己说的"吾少也贱"是一回事。"贫"是讲家庭的经济状况，"贱"是讲家庭的社会地位。"贱"则必"贫"，"贫"而益"贱"，两者是相辅相成的。

春秋时期，曲阜也不算小去处。自从周公旦受周武王封于鲁后，就建都于此，城市也就热闹起来了。除了本地土居的之外，还有许多来自南北东西的外乡人。历史地看，我也算个外来户，属于"贱"的家族。三岁时，父亲过世了，家道越发败落，我这个小家不只社会地位"贱"，在家族中的地位更"贱"。为了躲避族中有权势者的白眼，也为了更好地教育孩子，母亲带着我搬到了曲阜城中稍为僻静一点的阙里。

我少时的"贱"，张居正在《论语别裁》中释为"既无官守，又无言责"，其实更主要的是我在大部分时间与那些"贱人"混迹在一起，与坊间称不争气的孩儿为"贱骨头"近似。吹吹打打的"儒术"就是我在少时学会的。此外，我还学会了钓鱼，学会了打猎，学会了赶牛车，学会了做家务。我把"吾少也贱，故多能鄙事"连在一起说，就是这个意思。

俎豆礼容（选自明彩绘绢本《圣迹之图》）

"孔子为儿嬉戏，常陈俎豆，设礼容"，"年少好礼"（《史记·孔子世家》），说孔子五六岁就摆祭器，模仿周朝各种礼仪，远胜其他一起游戏的同龄儿童，不用学习就心领神会，此为天赋秉性，所以孔子从小聪颖，名闻列国。

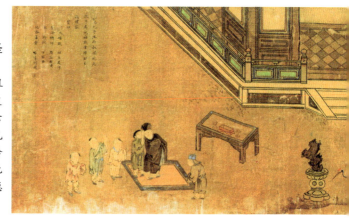

家境低"贱"问题，您多处说到了，而"贫"的问题，您却闭口不谈，至少没有直接讲到这个问题。那是因为不想谈呢，还是耻于言及？

鲁司寇像

传晋代顾恺之绘，也有说为唐代吴道子所绘。

孔子：的确没直接讲，但是，如果是细心的读者，一定可以在我的一些言行中隐约察觉到。我在《论语·述而》中说："饭疏食饮水，曲肱而枕之，乐亦在其中矣！"把当时的生活场景写活了：吃着野菜饭，喝一口白开水，把一天的日子打发过去了。晚上，连个枕头都没有，手臂一弯枕在头下就睡着了。那样的生活不是也很快乐吗？我那是在自嘲，自我作乐。我还在《论语·宪问》中发了一句感叹语："贫而无怨难！"那贫困潦倒的滋味，是怎么也忘不了的。我闭口不谈家境之清贫，也算是一种修炼吧！

明代木刻孔子像

图写孔子幅巾束首，身着素袍，长眉垂视，容貌安详肃穆。上题"先圣别像"，"别像"是对正像而言的。因孔子为"至圣先师，万世师表"，图像已定型，衣冠皆按历代敕封圣号之制而绘，此图非庙堂敬奉祀拜之圣像，故称"别像"，以示敬重。

孔子像

此为明代弘治十一年(1498年)的木刻版画，选自《历代古人像赞》。孔子头戴冠弁，穿袍佩剑，寿眉苍鬓，拇指相印。

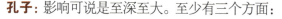

一、问孔子

有的人面对"贫且贱"的家境，苦恼着，甚至消沉了，而您不是这样的人。这种家境对您一生的发展产生了怎样的影响呢？

孔子：影响可说是至深至大。至少有三个方面：

一是让我接触了社会底层，走上了一条与当时的一般士人完全不同的人生之途。我这个人比较懂得"人"，懂得"人性"，懂得"爱"的重要性。

二是让我懂得了"富"的意义和价值。这对个人与社会都是一样的。我在《论语·述而》中说："富而可求也，虽执鞭之士，吾亦为之。"我不讳言"富"，但不是要那种坐享其成的"富"，而是要通过劳作"自求"的富。

三是"贫且贱"成了我不倦学习的巨大驱力，这一点更为重要。母亲为我迁居曲阜城西南隅的阙里。那里是文人学士聚居的地方，典籍丰富，学者众多，为我提供了很好的学习环境。除了读书本上的知识外，我还学习礼仪，弄些泥捏的盘盘碗碗，练习磕头等礼仪。我还一有机会就出入于太庙，问个没完没了。我在民间学到的种种"鄙事"，对我一生发展的影响是极其重要的。

孔子为鲁司寇像

明佚名者摹唐吴道子画，并书宋高宗制孔子赞诗。

孔子落凡（清代杨柳青年画）

图说孔子在母亲怀里，空中有仙女吹笙，左边有麒麟口吐玉书飞天。此图意在刻画孔子降生不凡。

孔庙同文门

一是长知识，一又是长身体。到十五六岁时，您就长得明显比一般人高。您喜欢走动，常到市中心去走走，结果引起了轰动。有那么回事吗？

孔子行教像（清代纸本笔绘）

孔子：确有那么回事。《史记·孔子世家》有那么一段话："孔子长九尺有六寸，人皆谓之'长人'而异之。"虽然只有短短的两句话，但把我的身高和我在人们心目中的形象惟妙惟肖地刻画出来了。东周时代的一尺，相当于现在的二十三点一厘米，《史记》说的九点六尺，合现在的二点二一米，那不是十足的小巨人吗？这样一个小巨人一旦在公众场合出现，不引起轰动才怪呢！人们大呼"长人！长人！"也是情理中的事。

您对自己的"人生地图"作了极为清晰的描述："吾十有五而志于学，三十而立，四十而不惑，五十而知天命，六十而耳顺，七十而从心所欲，不逾矩。"（《论语·为政》）这"人生地图"重彩浓墨的第一笔就是"十五而志于学"。对这个"学"字，人言人殊，先生的意见如何？

孔子：两千五百年来，对这句话的解释可以说是见仁见智。朱熹认为："古者十五而入大学，此所谓学，即大学之道也。"（《朱子集注》）张居正则进一步加以发挥，认为志于学就是"志于圣贤大学之道"（《论语别裁》）。杨树达在《论语疏证》中则认为："孔子十有五而始志于学，不过晚乎？"由此推断，"志于学"实质就是"志于道"。李泽厚则在《论语今读》中说，十五而志于学，就是"十五岁下决心学习"。

以上这些说法都有些道理，但都没有结合我幼年时的经历去考察。前面说了，我幼时"贫且贱"，虽说在与下层民众接触过程中学了不少知识、技能，被公认为"多能"的人、"知礼"的人。但是，因为家境的原因，十五岁之前我还没有系统地学过《诗》《书》《礼》《易》等书，而这些对一个真正的文化人来说又是非常重要的。到十五岁时，我懂事了，就决心专心致志地学习这些中华原典了。到了晚年，我整理原典可以看作是"十五而志于学"的继续和必然结果。

载官乘田图（明代木刻）
图中桌上有笔墨纸砚，孔子坐在桌前，旁有少年牧童两人，下有牛羊羔犊。此图刻画了孔子曾为鲁国正卿季氏家主管牲畜之事。孔子说过："吾少也贱，故多能鄙事。"这里既反映了孔子的谦逊，又不避讳管理畜牧的经历。

入平仲学图（清代木刻）
图中屏风下晏平仲坐于几案前教儿童们读书。孔子作为学龄儿童躬身袖手于桌前，向老师鞠躬，平仲拱手还礼。此图刻画孔子七岁时入晏平仲乡学读书，足见圣人学问并非生而知之。

在您十五岁至三十岁之间，可记之事似乎不多。是的确无事可记呢，还是不想多所赘述？

大中门石柱础

"大中门"位于孔庙第四进院内，始建于宋代。"大中"之意源于孔子倡导的"中和"思想。

陈设俎豆图（清代木刻）

图中松下案上，陈设俎豆瓶炉等祭器，幼年的孔子双手揖拜于前，三童跟后吹奏祭礼之乐，意在说明孔子从小好礼、学礼。

孔子：也不能说是完全无事可记。比如，我十七岁时失去了母亲，我就成了名副其实的孤儿。十九岁时我结了婚，第二年有了儿子伯鱼。在此期间，我还当过仓库管理员，当过会计，为人看管过牛羊，有人释此为"初仕"，显然是不准确的。我家境困顿，不寻点这样那样的事做做，生计如何解决？怎么可以称为"仕"呢？

这十多年间，应该说我把主要精力都花在读书上了。"志于学"不会只是十五岁那年的事，尔后多年我都在苦读，真可谓十年寒窗。《论语》首篇首章"学而时习之，不亦说乎"这一句，是我毕生学习的心得。如果十五岁至三十岁这段时间算是我对中华原典的"学"的话，尔后毕生就是"习"了。

除了闭门苦读外，我也一如既往地走实践中学习之途。鲁昭公十七年（公元前525年），我二十七岁。大学问家郯子到鲁国讲学，我马上前往求教，他可是我学术上真正的启蒙之师。此期间我还向师襄学琴，这对我的影响也是至大至深的。我还学了射御之术，《礼记·射义》："孔子射于矍（jué）相之圃，盖观者如堵。"表明我学得还不错。"学无常师"，主要指的是这段时间。

您说自己是"三十而立",此言后世视为人生隽语,但对它的释义是很不相同的,大多数学者谓之为"立于礼"。您认为是这样吗?

孔子：有人引述《左传》上说的"礼,人之干也,无礼,无以立"这段话,断定我的"三十而立"就是"立于礼"。我觉得此言对,但不全对。

说其对,是因为到三十岁上下时,我在礼的学习上的确是很有心得了,在这方面的名声也比较大了。

说其不全对,是因为那样说是以偏概全的。三十岁时我"立"得起来的,不只是礼,在诗学上,在春秋学上,我都"立"得起来了。三十岁是我学术上自立门户、自成一家的时期。学者们往往忘了这样一个最基本的事实：我聚徒讲学、创立私学,正是以三十岁那年起始的啊!这不正好为"三十而立"作了最好的注释吗?因此,与其说"立于礼",还不如说"立于学"更妥当。

至圣林

孔子及其家族的专用墓地。

清代玉石浮雕《孔圣弦颂图》

原石刻于康熙年间。图上有题赞,歌颂孔子的忠恕之道,贤于尧舜,令历代帝王起敬,为古今学者之师尊。

这可是个大问题。请您说清楚，您开创私学真的是在三十岁前后的事吗？招徒讲学，在古代是件挺大的事，您三十岁时创立私学的条件真的成熟了吗？

汉魏碑林
　　孔庙内存汉魏六朝石碑二十余通。

孔子讲学图（明代绘图）
　　图绘孔子手执如意，坐于磐石讲学，身旁四弟子侍陪。山下有弟子捧竹简、琴瑟等，三五成群纷纷往诣，说明孔子弟子众多。

　　孔子：我在三十岁前后已招徒讲学，是铁板钉钉的事。《左传》上有记载："琴张闻宗鲁死，将往吊之。仲尼曰：'齐豹之盗，而孟絷（zhí）之贼，女何吊焉？'"齐豹是卫国的司寇，孟絷是卫灵公的兄长，他们在内部的争权夺利中为"盗"为"贼"，而背后离间的就是宗鲁。宗鲁被杀后，看重朋友情谊之道的琴张想去吊唁他，作为琴张之师的我就出来说了一番话，劝阻了他。这段话记述在鲁昭公二十年的史事中，那年我刚好是三十岁。

　　《左传》里还记述了一件事：鲁昭公二十四年（公元前518年），我当时三十四岁，将要死去的鲁大夫孟僖子对大夫们说："孔丘，圣人之后。我若获没，必属说与何忌于夫子，使事之，而学礼焉！"孟僖子死后把两个儿子交给我当学生，后来都成了我的早期著名弟子。

　　这说明，"三十而立"对我来说有着独特的意义。这里的"立"，标志着我开始招徒讲学，也标志着中国私学的创立。

鲁昭公二十五年（公元前517年），鲁国发生了大的变故，三桓联合起来击败鲁君昭公，昭公被迫逃到齐国去，此后鲁国七年无君。您以一个著名学人的身份随君去齐。这七年，正是您三十五岁至四十二岁的年龄阶段。您说的"四十而不惑"，可与上面那事件有关？

孔子：不少学者喜欢离开我的生活实际来解读"四十而不惑"，说"于事物之所当然，皆无所疑，则知之明而无所事守矣"（《朱子集注》），认为"不惑"就是"无所疑"，就是"知之明"。此说太复杂了。其实只要将"不惑"与我的生活实际结合起来看，就一切都清楚了。

我在齐国，齐景公接见了我这位文化人，说要给我尼溪作封地。后来他听信了属下的话，渐渐疏远我，但还是要"以季孟之间"的待遇优待我。再后来，在齐君的默许下，有人要加害于我了。这样的一变再变，使我大彻大悟——不惑了。一是不惑于齐景公这样的国君的花言巧语，二是不惑于金钱地位。

不惑，是一种自我的觉醒。这时想得更多的是以自我之力改造社会。从齐国返鲁和此后的一段时间，是我的私学大发展的时期。这第一次出国，使我成了一个"国际化人物"，弟子"至自远方"，各国的都有了。

西庑（局部）

孔庙奉祀孔子弟子及历代先贤先儒的地方称为东西庑。今存建筑为雍正二年（1724年）重建。

先圣像（明代木刻）

画中孔子头顶云头形式的蓬冠，穿裙裳深衣，腰间系带佩剑。

孔林一角

鲁定公六年(公元前504年),您四十八岁,季氏家臣阳虎(又名阳货)权势日大,形成了"家臣执国命"之势。阳虎为了追求名人效应,多次求见您,您就是不见。这也是一种"不惑"的表现吗?

晏婴阻封(选自明彩绘绢本《圣迹之图》)

齐景公向孔子问政,孔子说:"政在节财。"景公甚为高兴,欲将尼溪封给孔子,遭到晏婴阻拦。其理由是,孔子效法古人的主张不能实行,让他来改变齐国风俗不合先王之遗愿。齐景公只得听从晏婴的意见,对孔子说:"我老了,不能用你了!"孔子遂离齐国。

孔子:当然是。这事都记录在《论语·阳货》中。说的是,阳货多次求见,都被我婉拒了。后来,阳货送来一只上好的火腿(即所谓"归孔子豚")。阳货的如意算盘是:礼仪规定,大夫对士有所赠,士必登门拜谢。我想了想,去还是得去的,但我挑个阳货不在家的时候去致谢,不就既不失礼又不见面了吗?不巧,在去的路上碰见了他。阳货逼我出山,我虚与周旋,说:"好好,我将会出仕的。"我料定阳货的日子不会太长的,过后必是"吾将仕矣"的景况了。在这场斗争中,我的"不惑"之态表现得很清晰。

您不愿与阳虎同流的态度的确很明晰，但在不久后季氏私邑费之宰（费县的县长）公山弗扰想让您一起去起兵反季氏时，您就想去了。这与"不惑"又有什么关系呢？

司寇像（明代）
摹唐代吴道子孔子像而成。

孔子：此事在我与弟子子路之间还引起了一场争论呢！子路说："什么地方不好去呢？偏要到这个坏东西那里去？"我回答道："我难道会白去吗？我是想利用他在东方复兴西周文化呢！"我觉得这也是一种"不惑"，而且是更高层次的"不惑"。

诛少正卯（选自明彩绘绢本《圣迹之图》）
鲁定公十一年（公元前499年），孔子任大司寇摄行相事第七天诛杀少正卯。子贡问其罪行，孔子说："天下有五恶，少正卯兼而有之，不可赦免！"操政大事三个月，就出现大治景象：路不拾遗，男女有别，货物不虚价，四方之客纷至沓来。此事《史记·孔子世家》有载。

最有意思的是《史记·孔子世家》中的一段话："定公九年，阳虎不胜奔于齐。""其后，定公以孔子为中都宰。一年，由中都宰为司空，由司空为大司寇。"这可能是您一生中官运最亨通的一年。您欣然应命，走上历史前台，这与您说的"五十而知天命"又有何关联呢？

钧天降圣（选自明彩绘绢本《圣迹之图》）

孔子出生前，其母颜征在听到室外奏起优美的钧天之乐，伴随音乐还传来"天感生圣子，故降以和乐"的声音。据载，孔子出生后有"日角月准，河目海口"等异相四十九处之多，可谓"器宇不凡"。

孔子：确是有关联的。我在前面说到"吾将仕矣""吾其为东周乎"，都强调了一个"吾"字。我简直有点儿跃跃欲试了。三桓靠不住，阳虎靠不住，公山弗扰靠不住，那些据说是友邦的齐君之类也靠不住，我觉得只有靠"吾"了。刚巧阳虎败亡，三桓弱势，鲁君复国，我就自然而然地被推到了历史的前台了。当时，我是想大干一番事业的。

化行中都图（清代木刻）

图中以不同场合、不同时间描绘孔子坐于宰署、牵驴者赶路、商贩提秤衡物、女子交谈、路中遗物等情景，意在歌颂孔子为中都宰时买卖公平、路不拾遗的太平景象。

您当上了司寇以后，干的第一件大事就是参与"夹谷盟会"。这次盟会中，您使鲁国取得了全胜，显示了您卓越的外交才干，是吗？

孔子： 鲁定公十年（公元前500年），我以相礼的资格参加齐鲁两国的"夹谷盟会"。这次盟会的成功主要不是靠外交经验，而是靠一种精神气质。在盟会前，鲁定公没有做任何的准备，我要求一定要有文武官员相随，以防不测。会上，齐景公欲威胁鲁君就范，我处处"以君子之道辅其君"，完全按照礼仪办事，使齐景公深感惭愧，不得不答应定盟和好，并归还了鲁国的郓、汶阳、龟阴三个城池，创造了鲁国外交史上多年未有的胜绩。

顾炎武像

顾炎武对孔孟的"亡国论"作了新解："有亡国，有亡天下。亡国与亡天下奚辨？曰易姓改号，谓之亡国。仁义充塞，而至于率兽食人，人将相食，谓之亡天下。"（《日知录·正始》）

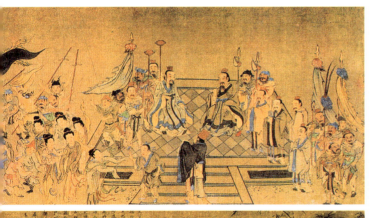

夹谷会齐（一）（选自明彩绘绢本《圣迹之图》）

鲁定公十年，齐鲁两国会盟于夹谷，孔子相礼。齐奏乐羞辱鲁国君，孔子愤怒地说："在两国结盟永世和睦之时，羞辱国君者当以斩首！"齐景公惭愧又惧怕。此事在《史记·孔子世家》有载。

夹谷会齐（二）（选自明彩绘绢本《圣迹之图》）

夹谷会盟之后，齐景公深为失礼而悔。史载景公"惧而动，知义不若，归而大恐"，根据齐鲁两国签订的盟约，便将齐国侵占的郓、汶阳、龟阴归还鲁国，以表"谢过"（《史记·孔子世家》）。此为孔子之功。

您为鲁定公制定了"堕三都"的规划，而且得到了一定程度的实施。请问，您这样做是出于怎样的考虑呢？

圣府门

孔子： 外交上取得胜利后，我就和鲁定公谈论治国方略。我说："臣无藏甲，大夫毋百雉之城。"任命仲由（子路）为季氏宰，对三桓采取实质性的打压措施，即"堕三都"。大夫的专横，这可说是百年积弊，为此，我是下了最大的决心的。鲁定公的军队攻下了叔孙氏的封邑郈和季孙氏的封邑费，欲攻孟孙氏的封邑成，未成功。总体而言，是"三都堕其二"，成果是不小的。三桓势力受到打击后，鲁国的整体面貌有了改变。但是，我"堕三都"原先设定的目标没有实现。我是想借此强公室、弱私家、尊君卑臣，这些，在当时尽管没有做到，但产生了极大的影响。

归田谢过图（朝鲜木刻）
　　其意是歌颂孔子在夹谷会齐中所起的作用。

清康熙年间木刻《夹谷会齐图》
与选自明代彩绘绢本的《圣迹之图》大同小异。孔子在台阶上拱手行礼，请命有司处分那些以声色迷惑诸侯者，使得齐景公深感失礼，并对鲁国有点畏惧，随后就遣使者把以前强占的鲁国三地归还给鲁定公。

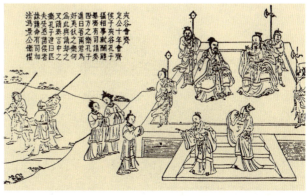

23

据史书记述，您后来又由大司寇行摄相事，三个月间鲁国发生了巨大的变化，"男女行者别于途，途不拾遗，四方之客至乎邑者不求有司，皆予之以归"。您的本领真有那么大吗？

孔子：问得好！我哪有那么大的本领，把鲁国治理得"途不拾遗"。"途不拾遗"是我在《礼记·礼运》篇中设定的大同境界，是要几十、几百代人奋斗才能达到的，我花三个月怎能达到这一步？在我当政的数月间，鲁国的面貌有点改变，但没有发生根本性变化。史书上说我有那么大的本领，那是溢美之词。

奎文阁重檐殿角

奎文阁

孔庙藏书楼，北宋始建，明弘治十三年（1500年）扩建，是著名的木构楼阁之一。

您说得完全有道理,这个问题以前学者们都没提出过。这里要问的是,那后来的"齐人归女乐"又是怎么回事呢?

齐赠美女

女乐文马(选自明彩绘绢本《圣迹之图》)

图说孔子执政,鲁国日盛。齐国害怕鲁国称霸,便采黎锄之计,赠送鲁定公女乐八十人,文马三十驷,企图使鲁国君臣玩物丧志。鲁君接纳中计。孔子闻之,甚为不满。此事《史记·孔子世家》有载。

孔子: 齐国是运用两种手法来对付鲁国的变化的。一手是放出风声,人为夸大鲁的强大,大叫大喊:鲁国强大了,不得了了,对邻国是个威胁啊!另一手是采取拉拢腐蚀的手段。齐君从齐国选了八十名美女,送给鲁国的当政者,还送了披彩衣的马车三十驾。齐人将女乐、文马陈列在鲁城南高门外。当政的季桓子看了三日,乐此不疲。鲁君以外巡为名,也去一饱眼福。最后,季桓子接受了女乐,三日不理朝政。我觉得这些为臣为君者都是没有希望的,就下定决心外出周游。

关于您离鲁周游之事，有种种说法。有的说是不得已的流亡出走，有的说您早有去意，此次只是借"齐人归女乐"事件为由头出走而已。对您出走时的心境，人们也特别关注。有人说，那时您的心情一定是很悲观的。是这样吗？

孔子：我那时的心情如何？你们以为我悲观吗？错了。历史已经给我作出了定评，说我是个"知其不可为而为之"的人。我遇事从来不会悲观，我还要走我的路，行我的道。

我再说一遍，我不会悲观，但我感到悲哀，那就是鲁公、季桓子这些人会被几个美女打倒，全不顾国家社稷。"哀莫大于心死"啊！我与这些人是不可能合作的。我的出游，是为了寻找一条拯救生民的新路。

孔子踞坐像（明代拓本）

刻画孔子踞坐状，华冠如莲，口微张，似在宣讲"恕道"。其像纹线流畅，人物传神。

因膰去鲁（选自明彩绘绢本《圣迹之图》）

图说鲁君上了齐人的当，"往观终日，怠于政事"（《史记·孔子世家》），整天沉湎于女色而不事朝政，连祭祀后的胙肉也不按规定分送大臣。孔子深感国君无救，只好辞官离开鲁国周游列国。

据说您出游时说了两句话。一句是："邦有道，谷；邦无道，谷，耻也。"另一句是："道之将行也与，命也；道之将废也与，命也。"说的是什么意思？

碑林一侧

孔子：这是我离开鲁国开始周游列国时说的。前一句的意思是：我这个人是为道而生、为道而作的。如果这个国家当政的是有道之君，我当官拿俸禄心安理得；而如果当政的是无道之君，当官拿俸禄我觉得是一种可耻。这就把我离开父母之邦鲁国的意思表达清楚了：我不愿为了生计低头哈腰地去服侍一个无道之君。后一句话是说：道是否能实行，是一种天命，个人是强求不得的。这表示我对行道的认识上了一个台阶。人应循道而行。我的决然离去，也是为了寻找一种更合适的行道方式。我所说的"六十而耳顺"，也可以解释成顺道而行。

元代木刻《鲁司寇像》

图中孔子头戴冠弁，穿斜领素服，长眉乌须。图上书"鲁司寇像"，下有"玉纽、色绿、簪黄、缨紫、褐裳"小字。孔子于鲁定公九年（公元前501年）时为司空，又为大司寇。

27

二七 问孔子

您一去就是十四年，离开时五十五岁，重归故国时，已是近七十的人了。在这十多年中，您想得最多的是什么？

孔子：我想得最多的是两件事：

一是"追迹三代之礼"。这是从根本上解决问题。"三代"在我心目中是理想社会，追迹"三代"，就是要把"三代"治世的经验发掘出来，那比花大气力解决一国一地的治乱问题意义要大得多。

二是"后百世可知也"。前面讲到，中国传统意义上，一世为三十年，百世则是三千年。我不是追求现今怎样怎样，而是追求造福于三千年后的子孙后代。这样一想，还有什么想不通的？

董仲舒像

西汉大思想家董仲舒在汉武帝元光元年（公元前134年）先后上书给汉武帝三封对策书，后世称为"天人三策"。他在第三策中提出《春秋》大一统者，天地之常经，古今之通谊也"的著名论点，提出统一全国思想于儒家学说。他说："诸不在六艺之科、孔子之术者，皆绝其道，勿使并进。"

答弟子问图（明代木刻）

图中孔子坐中间，七位弟子立于身边聆听，前方有三位弟子似在提问，每人的眼神都显得很专注。

史载："孔子西行不到秦。"周游列国，走了那么多国家，为什么不到秦国走一走、看一看？是不是因为对秦这个国家不了解？

董仲舒墓

董仲舒的上书，加快了汉武帝"罢黜百家、独尊儒术"的步伐。此后孔子被抬上"教主"的高位，董仲舒也作为经学大师而被尊崇。明正德年间，陕西巡抚王诩修建陵园，称"董子祠"。清康熙六年（1667年），重建祠堂三间，并于大门前立石，上刻"下马陵"三字，后又重加修缮。

孔子：不是。我对秦这个"虎狼之国"还是有相当了解的，我在《论语》中也一再提到秦国。但是，话还是要说回来，我的出巡西行，完全是一次寻访"三代之迹"的文化苦旅，是一次中原地区的访古之行。因此，访秦也就不在我的计划之中了。

职司委吏（选自明彩绘绢本《圣迹之图》）

鲁昭公十年（公元前532年），孔子"为季氏史，料量平"（《史记·孔子世家》），在担任季孙氏管理仓库的委吏，尽责尽力，做到仓库充盈，账目清楚。其政绩为后来的事业发展打下了坚实的基础。

十四年后的归国，是因为"追迹三代之礼"已小有成就，还是听到了鲁国对自己的归国召唤？

孔子： 十四年对一个人来说，是不短的时光。十四年后的决然归国，当然与"追迹三代之礼"取得相当的成就有关，也与来自鲁国的某种召唤有关。大约在我离开鲁国的第六个年头，我就听到鲁国国内的呼唤之声了。季桓子临死前对他的儿子说过，过去我们这个国家由于有了孔子而兴盛起来过。以后你继位后，一定要把孔子请回来。这个消息很快传到了我的耳朵里。

同时，我又听到了尚在鲁国国内的我的弟子们的呼唤。他们思念我这位老师。我也思念他们，曾叹道："归与！归与！吾党之小子狂简，斐然成章，不知所以裁之。"（《论语·公冶长》）我是说，还是回去吧，还是回去吧，在我老家的那批学生又有志向，又有才气，他们没有了我，真不知怎么进一步发展自己呢！

为了鲁国，也为了我的三千弟子，我决定回故国。

汉明帝像

在中国古代，共有十二位皇帝亲赴阙里祭孔，而东汉时期就有光武帝、明帝、章帝、安帝四帝去曲阜亲祭。特别值得注意的是，汉明帝祭孔时，将孔子与其他七十二贤一并祭祀，规格明显提高了一大截。

作歌丘陵（选自明彩绘绢本《圣迹之图》）

鲁哀公十一年，鲁国执政季康子派人携带礼物，将年已六十八岁、周游列国十四年的孔子迎请回鲁。孔子回到阔别多年的故国，感慨万千，作丘陵之歌，抒发自己的情怀。

另外，我们想问：您选择在六十八岁时回国，这与您已年迈体衰是否有关？史书上没有明言，但隐隐可以察觉到。在陈蔡间绝粮时，"从者病，莫能兴"，年轻人都病倒了，您老人家能不生病吗？在蔡这样的小国，一住就是三年，不是病了，是什么呢？在楚国，大部队前行了，您与几个贴身弟子落在后面，这也暗示您病了。说您身体欠佳，匆匆然回来，是说得通的吧？

汉章帝像

汉章帝曾亲自命儒者讲《论语》。由此，《论语》一步登上了经学的高位。

杏坛礼乐（选自明彩绘绢本《圣迹之图》）

孔子回到鲁国，然而鲁国仍不重用。孔子自己也不求出仕为官，每日在杏坛弹琴，与弟子叙《书》、传《礼》、删《诗》、正《乐》、赞《易》。弟子三千，身通六艺者有七十二人。事见《史记·孔子世家》。后来，杏坛成了"万世立教"的首圣之地。

孔子： 当然可以这样说。当时的人一般能活到五十来岁就算不错的了，我回鲁时已是近"古稀"之年的人了，再要四处奔波，实在有点力不从心了。但是，这只是一个因素，更为主要的是经过十四年的实地考察、访问，我掌握了夏、商、周三代大量的第一手资料，"追迹三代之礼"的目标已大体达到。要知道，十四年，占据了我成年人生的四分之一。那是多么宝贵的时光啊！我得赶紧回去，利用我的余生，与弟子们一起将"追迹"的心得记录下来。在此基础上，我还得回去把《诗》《书》《春秋》《易》等古籍整理出来呢！

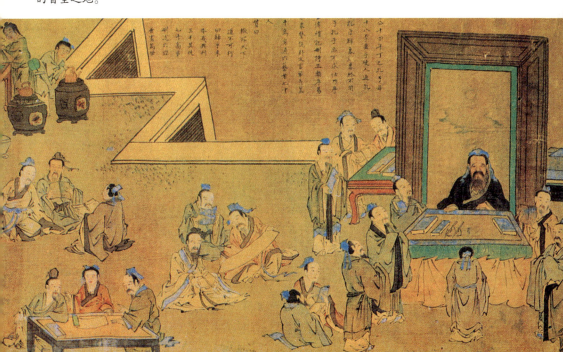

三一 问孔子

十四年前,您离鲁而去时有点凄凉,无人送行,带着一批贴身弟子,坐上牛车就远行了。十四年后,您归来时,鲁国的统治者表现得怎样呢?

孔子:归国时,鲁国的统治者表现出了高度的热情。先是当政的季康子向我的学生冉有打通关节,透出一个消息:"我欲召之。"冉有告诉他,"欲召之,则毋以小人固之",也就是不要让小人从中作梗。两人达成默契后,就付诸实施了。季康子把公华、公宾、公林这些小人赶跑了,我的归国之路也就畅通了。季康子知道我讲究礼仪,就以重礼相迎,表示对我的敬重。

七十二贤之一:叔仲会

叔仲会,春秋末年人鲁国人。为孔子弟子,曾执笔侍于孔子,画像藏台北故宫博物院。

授课图(明代木刻版画)

图中众弟子或立或坐,或聆听或切磋,呈现出一派学术争鸣之景象。

我们想问一个也许会让您不太高兴的问题：您回国后，鲁国的当政者只是把您当作一种古玩式的摆设呢，还是真心实意想用您，想通过您的道术把国家治理好？

七十二贤之一：颜渊

孔门十哲——"德行：颜渊、闵子骞、冉伯牛、仲弓。言语：宰我、子贡。政事：冉有、季路。文学：子游、子夏。"（《论语·先进》）这是孔子门生中最出类拔萃的人物。

孔子： 这个问题比较复杂，回答不可能是非此即彼的。比如说对我的尊重吧，的确是有的。我回国后不久，就被册封为"国老"，这是《左传》上有记载的。国老者，国之大老也，算是最受尊崇的人了。但是，这"国老"云云仅是虚职，除了供吃供穿供住外，没多少实际的意义。他们又时不时来"访诸仲尼"，算是"问政"，但我说了又不听，根本不算数。我就是处于这样一种状况中。但是，这样一种状况倒是最有利于我的古籍整理工作的。

孔子讲学图（南宋木刻版画）
左右听讲弟子共有十人。

您归国后，花了极大的精力来整理典籍、文献。中华文化博大精深，请问，您从何着手呢？也就是说，您整理古代文化的切入点在哪里？

孔子：问得好！中华文化洋洋大观，不找准切入点，简直是老虎吃天，无从下口。我思索再三后，决定以"乐"为切入点。为何如此呢？理由有三：其一，"乐"与民众最接近，最近于中华文化的源头。源头把握住了，后面的事情就好办了。其二，就我个人而言，对"乐"最有学养，我在齐国、卫国等国时，都着重研究了古乐。以此为切入点，比较顺手。其三，从"乐"开始，就可以进而研究《诗》，研究《易》，研究《春秋》，等等。我曾对弟子说："吾自卫反鲁，然后乐正，雅、颂各得其所。"（《论语·子罕》）这是讲从整理《乐》到整理《诗》的过程。

何晏像

从读《论语》到研究《论语》的转折的代表作是魏晋时期何晏的《论语集解》。何晏在该书序言中说："集诸家之善说，记其姓名。有不安（妥）者，颇为改易，名为《论语集解》。"该书首创了古籍注释中的集解体例，对后世影响极大。

退修诗书（选自明彩绘绢本《圣迹之图》）

孔子四十二岁时，鲁昭公去世，鲁定公立，大夫季孙氏凌驾国君之上。孔子甚为不满，又不愿出仕为官，于是潜心修订《诗》《书》《礼》《乐》，教授弟子，众至三千，"至自远方，莫不受业焉"。

我们注意到：生活上的种种打击，尤其是颜渊之死，对您的晚年生活有很大的影响。是不是这样？

朱熹像

朱熹在《中庸章句》中，把道统说进一步完善了。他的道统说是这样的：尧—舜—禹—汤—文—武—周公—孔子—颜回、曾参—子思—孟子—二程。这被认为是对道统的经典性归纳，一是以古今圣人为传承，二是以孔孟学说为主干，三是以思孟学派为正宗，其他都被视为"杂统""异统"。

孔鲤聆训图（明代木刻版画）

此图依《论语·季氏》孔鲤"趋而过庭"而作。孔子在前，似有所悟。孔鲤紧跟，作聆听状。

孔子：是的。风烛之年，不仅自己的身体不怎么好，更为重要的是不忍看到身边比自己年轻的人逝去。哀公十二年，我心爱的儿子孔鲤不幸去世，那时孔鲤五十岁，我六十九岁。哀公十四年，我的大弟子颜渊去世，那年我七十又一，而颜渊只有四十一岁。白发人送黑发人，哀痛莫过于此。

但是，不知你注意到了没有，尽管不断地遭受打击，身体也一点点衰老，但我还是利用这最后有限的时日，完成了中华典籍的整理工作，其中的艰辛唯有自知！

您是活到七十三岁高龄辞世的，在您那个时代，实在算是高寿的了。据说，您临终时，还是说自己是个殷人，是这样吗？

孔子： 我觉得我的血脉中流淌的是殷人的血统。这种情感是怎么也抹不去的。临终前，我对子贡说：我记得，夏人死了，棺木停放在东厢台阶；周人死了，棺木停放在西厢台阶；殷人死了，棺木停放在东西两柱之间。我昨晚做了个梦，梦见我自己坐在两柱之间受人祭奠，那是因为我是殷人之后啊！

不灭的"殷人情结"，永恒不变！

梦奠两楹（选自明彩绘绢本《圣迹之图》）

图说孔子重病在身，拄杖走到大门，抱拳立迎子贡说：昨天梦中坐在祭奠亡人的两柱之间，像是殷商殡丧的祀礼之制。一对仙鹤不知主人命运将终，引颈高鸣于阶前空庭之中，显得一片凄凉。子贡走后七天，孔子辞世，时年七十三岁。

至圣庙

鲁哀公十七年，鲁哀公下令将孔子生前居住的三间房子改为孔子祀庙。按周礼，天子七庙，诸侯五庙，大夫三庙，士一庙，平民不得立庙。孔子此时的身份为平民，原不能立庙，但鲁哀公似乎已看出孔子的价值，强为之立庙，后人称哀公的这一作为是明智而又有远见的非常之举。庙中立有孔母、孔子夫妇的神位，还收藏孔子的衣、琴、书、车。这些物品一直到汉代还留存在那里，司马迁参观孔庙时还看到了。

第二章 千秋学人

　　有两个孔子。一个是充分政治化了的孔子,他被打扮成了死硬维护"君君、臣臣、父父、子子"等级体制的政治圣人。另一个是通体浸染着文化精神的孔子。他是传统文化的整理者,私学的创办者,千秋学人,文化圣人。"两个"孔子,究竟哪一个更准确呢?

　　当代著名学者钱穆说:"孔子在中国历史文化上之主要贡献,厥在其自为学与其教育事业之两项。后代尊孔子为至圣先师,其意义即在于此。"这才是一个真实的、具有传世价值的孔子。

　　这里要说的是:孔子是千秋学人——千年难得一见的大学者。

正像钱穆先生所说的，您的家世、阅历决定了您不可能是政客，而只能是位"自为学"的千秋学人，把学习看得比什么都重要。钱先生这样解读您，可以吗？

孔子：太对了。我讲过那么一句话，不知大家注意到没有："默而识之，学而不厌，诲人不倦，何有于我哉？"（《论语·述而》）其意是说，我把看到听到的一切都默默地记在心里。对于学习我从来不感到厌烦，教诲别人也从来不疲倦，除了这些之外，我还有什么呢？不知大家是否真正读懂了我这段话。为此，我在最后专门加上"何有于我哉"一句，旨在提醒大家，不要把我往别的什么方向去乱拉乱套。

钱穆像

钱穆是当代著名历史学家、国学大师，著有《孔子传》《论语新解》《先秦诸子系年》《庄老通辨》《黄帝》《两汉经学今古文评议》《国史大纲》《国学概论》《国史新论》《中国近三百年学术史》等。他盛赞孔子为"中国历史上第一大圣人"。

杏坛藻井

宗圣受传至圣图（明代木刻版画）

曾参在七十二弟子中最为"自为学"者，在《论语》中独得称"曾子"，谓得孔子宗传。元文宗时追封曾参为"郕（chéng）国宗圣公"。

您那样地重视学习,把学习看得高于生活中的一切。这种学习情结是怎么形成的? 在您看来,学习对人意味着什么呢?

子贡庐墓处石碑

孔子死后,众弟子守墓三年,独子贡守了六年。后人立碑以纪念。

孔子:"以古律今",是我的一种思维模式。我是在研读古圣人的著作中懂得我们该如何学习和生活的。我说过:"古之学者为己,今之学者为人。"(《论语·宪问》)我主张学习的唯一目的是提高自己的素养("为己"),而不是炫耀于人、示好于人("为人")。一面读圣贤书,一面又不断地对照自己、反省自己、提高自己,这才是真正的"为己"之学。

后世学者不少人没有读懂我的这两句话。只有我的后学荀卿读懂并消化了。他说:"孔子曰:'古之学者为己,今之学者为人。'其意为:君子之学也,以美其身;小人之学也,以为禽犊。"这样一点化,比原先更清楚了。古之学者,就是君子之学,为己,就是为了完美自身,也就是完善自我。今之学者,就是小人之学,为人,就是实惠地把学习当成可供吃喝的家禽牛犊。荀子的意思是说,学习是不能太讲究实惠的,它是完美人格、完善人品的过程。

仰圣门镌刻匾额"万仞宫墙"

曲阜城正南门,明万历二十二年(1594年)专为孔庙兴建。"万仞宫墙"四字,源于《论语·子张》,原为明代山东巡抚胡缵宗所题,后来清乾隆皇帝到曲阜祭孔,命人撤去原额,换上手书,以表自己对孔子的尊崇。

对于"学者为己"，有人直白地解释为"为自己"，这就使那些圣人之徒受不了，说：孔圣人有那么自私吗？于是，他们匆匆忙忙出来解释，说"学者为己"就是圣人把学习看成是修身之道、养性之道。这样解释对吗？

孔子：这样说当然没有什么大错，但是我要明确地告诉大家：我不赞成把读书简单地当作一种手段。我的"学者为己"说，至少有这样三层意思：

一是"学者为己"旨在"修己"。读书的终极目标就是自我修养，不断提高自己。我在《论语·宪问》中回答子路关于读书与修身之间的关系时，说了"修己以敬""修己以安人""修己以安百姓"。

二是"学者为己"旨在"洁己"。在我看来，这个世界是不干净的，人也是不干净的，于是，对每个人来说都有洁己的任务。"洁己"这个词语是我发明的，我主张大家都来"与其洁"（"与"是赞扬的意思），形成风气，事情就好办了。

三是"学者为己"旨在"律己"。我一直认为，人是要受约束的。我在《论语·里仁》中说："以约失之者，鲜矣！"一个人如果懂得自我约束，过失就少了。自我约束的重要手段就是读书。

子贡守墓处

为了彰显子贡尊师重道的精神，后人在子贡守墓六年处建屋三间，立碑以纪念。

夫子杏坛之图（明代木刻画）

图中孔子似乎在强调"学者为己"的含义。

在您看来，"学者为己"会影响一个人的人生走向。这种"己"的走向，是否可以用一句简洁的话加以概括？

孔颖达像

孔颖达，孔子的三十二孙，唐代最著名的经学家。为了使以《五经》为主旨的儒学有一个范本，孔颖达受唐太宗之命撰写《五经正义》。此事由孔子后人做，本身就含有尊孔的意思。书成后，成为唐、宋两代乃至以后千年的经学范本。

孔子： 用不了一句话，只要用两个字就足以概括了，那就是："成人"。"成人教育"的观念是我提出来的。人生下来称为"童"，称为"孩"，经过相当长时间的学习和社会教育，才能成其为"人"。这里的"成人"是一个很高的标准，知、勇、仁全备的人，才可称为"人"。有人曾问我，管仲为齐国，为继承中华文明做了许多事，该怎么称呼他啊？我说："人也。""学者为己"要造就的就是"人"。

答问图（明代木刻图）

孔子坐在讲坛上，有弟子跪于前，似在提问。

上面说到了"成人"的问题，而我们平时用得较多的是"成器"这个词。"成器"一词在日常生活中被看成是肯定的话语，而您却说"君子不器"。您是不是想告诉人们不要把"成器"当成自己的终极追求目标？

孔子："器"和"成器"用在人身上，一度曾是比较肯定的说法，因为任何一"器"，都自有它的用处。成器，意味着对社会有用。但是，到了我这里，成了一种低标准的代名词。"君子不器"，那才是高标准。朱熹在《四书章句集注》中说道："器者，各适其用而不能相通。成德之士，体无不具，故用无不周，非特为一才一艺而已。"这是对世俗的"成器"观的否定和批判，又可以看成是对到"成人"说的一种补充。"成人"者，必"成德"。道德上没有成就的人算不得是真正的人。

柳宗元像

唐代文学家、哲学家柳宗元与韩愈倡导古文运动，提倡儒释道三教调和的主张。他"只以尧、舜、孔子之道为务"，推崇儒家奉为偶像的尧、舜、禹、汤、文、武、周、孔子，在这一点上同韩愈一致。他特别赞同孔子"无神怪"说，反对"因果报应"思想。

切磋图（明代木刻图）

图中孔子似与颜渊、曾参切磋"君子不器"之说。

有关学习过程的著作，可以说是汗牛充栋，诸家各有说法。您别出心裁，喜用一个"求"字，以此来描述学习的全过程。请问，这样的提法有何深意？

刘禹锡像

唐代文学家、哲学家刘禹锡认为自然"生万物"，人能"治万物"，反对天人感应说，赞同孔子成人、求知的思想。

求教图（明代木刻）

此图反映弟子樊迟（子迟）求教孔子的情形。

孔子：在学习上，我创立了一个新观念：求知、求学。意思是说，获取知识的过程，不是一个简单的反映过程，其中最主要的是人的主观能动性，要"求"，要苦苦地追求，才会有成就。我对自己的评价是："我非生而知之者，好古，敏以求之者也。"（《论语·述而》）学习过程中，不只是要主动地"求"，而且要"敏而求"。

您一般不大自我赞扬，相反，常常作自我批评，是个十足的谦谦君子，唯独说到"好学"的时候，常会显得沾沾自喜。那是为什么?

孔子：我曾对学生说："十室之邑，必有忠信如丘者焉，不如丘之好学也。"（《论语·公冶长》）这句话的意思很明白，就是说：忠信这样的品格虽说难能可贵，但好学精神更加难求。在我看来，如果一个社会好学的人更多些，好学之风更盛些，那这个社会一定会更团结稳定，更繁荣昌盛。

李翱像

唐代哲学家、文学家李翱崇尚孔子的仁学，在《复性书》中认为人性讲仁，天生为善，主张糅合儒、佛两家思想，力行"仁义"。

大哉孔子像

《孔子赞》曰："孔子孔子，大哉孔子。"存曲阜孔庙圣迹殿。

大哉孔子像（局部）

学习贵在形成常态。许多人在一段时间内也会有学习的热情，但坚持不下去，不能形成学习生活的常态。在学习常态上，先生有何高见？

朝鲜太祖李成桂像

儒学大约在秦汉时代开始传入朝鲜和越南。朝鲜曾效法中国立太学，置"五经"博士，用以选拔官员。朝鲜后来培养出了自己的优秀儒学人才崔冲。崔冲在朝鲜办起了私学，招收门徒，被后世称为"海东孔子"。朝鲜一支儒学后来传入日本，越南一支儒学后来传入东南亚和南亚，还传到了西欧。大约到十六七世纪，孔子思想通过传教士带入西方，可以说真正走向了世界。

孔子：《论语》一书的第一句是"学而时习之，不亦说乎"，说的就是一种学习生活的常态。每天都"学"一点新东西，每天再"习"一点学过的东西，一直坚持着，并且以此为乐，不正是学习生活的常态吗？

我的一位学生子夏，把学习生活的常态说得更明白。他说："日知其所亡，月无忘其所能，可谓好学也已矣。"（《论语·子张》）每天都去学习一点原先不懂的新知识，每月不忘记学过的旧知识，那样就可叫做好学了。原来"好学"也是可以理解得那样浅显的。

时习图（明代石刻拓本）
图说孔子见老子，不断问礼，学而时习之。

读您的一些文字，发觉您的好学与别人不同的是，具有浓郁的"好古"色彩。有人由此推断，您孜孜于学问之道，意在复古。对此，您有什么话要说？

康有为像

康有为刻意将孔子刻画成一个改革派，并作《孔子改制考》一书。他说，孔子编定的《六经》，都是孔子假托古代提出来的改革制度的主张，孔子是个"改制者"，《六经》是"托古改制之作"。这部书后来成了他"百日维新"的理论依据。康有为还把近代西方的民主政治与孔子的思想嫁接在一起。他说："国之所立，以为民也。国事不能无人理之，乃立君焉。故民为本而君为末，此孔子第一大义。"（《春秋笔削大义微言考》）

孔子："好古"与"复古"完全是两码事。我论及学者时，不说君子之学和小人之学，而是说"古之学者"和"今之学者"；强调后天学习的重要性时，完全可以不涉及"古"，可我偏要说"我非生而知之者，好古，敏以求之者也"；说到自己的创作风格时，也不一定说到"古"，但我偏要说"述而不作，信而好古，窃比于我老彭"（《论语·述而》）。道理何在？就因为我把古代看成是一种理想的、理性的社会。我不想让"今天"的社会腐败下去。我想通过"以古非今"的手法，让今天的社会好起来，并非我想倒退复古。正像后世有个康有为，他搞"托古改制"，其实并不是真的想回到古代去，而是为了改革，为了社会的进步。

至圣孔子图（清代）

图左上绘日轮，中书"日"字，以示孔子思想如太阳的光辉普照天下。

在《论语·述而》中，您提出了"躬行君子"这一新概念，把"君子"与"躬行"捆在一起，这无论如何是一种极大的进步。我们很想弄懂您提出这一概念的初衷是什么？

郑玄像

　　制造对孔子的迷信，起自西汉的董仲舒。而东汉末之郑玄，虽说是个大学问家，但他在对待孔子上多援引充满神秘色彩的纬书。《春秋·演孔图》中说："孔子长十尺，大九围，坐如蹲龙，立如牵牛，就之如昂，望之如斗。"人们只把帝王称为"龙"，作者在这里把孔子神化为"龙"，这是前所未有的"大手笔"。

孔子： 自商周以来，君子、小人之说铺天盖地，大家都想让别人承认自己是君子，惧怕别人说自己是小人。我的"躬行君子"一说，意在警示人们：是否是君子，不在于你读了多少书，也不在于你是否有学问，而在于你是否"躬行"。没有"躬行"精神，徒有"君子"之名也是空的。君子有言，也有行，但其要旨在于"行"，在于"躬行"。

太庙问礼图（明人绘）

　　孔子身后为两弟子，对面为守献器者。

这里提出一个问题：有的人把道理弄懂了，就能去认认真真地做；而有的人道理是懂了，但行动上却依然故我，根本不想去改变自己。两者的分野究竟何在？

孔子：我在《论语·泰伯》中提出了"笃信好学"的重大命题，重点是读书上的"信"字。人们通常把"信"用在个人的道德品质上，而我在这里破天荒地用在学习生活上。就是说，你学习东西不只是字面上要弄懂，还要信仰它、信服它，只有这样，才会自觉自愿地去实践它。"信"是一种学习的观念，也是考验你是否真正把道理学懂的试金石。

汉元帝像

汉元帝酷爱儒术，拜孔霸为太师，赐爵关内侯，食邑八百户，并赐宅一座，把他的户籍也迁到了长安，开了帝王与孔门一体化的先河。孔霸说要回曲阜奉祀孔子，元帝就将其长子孔福的户口迁回曲阜，奉祀孔子，而让孔霸仍留在长安当御师。

唐代吴道子所画孔子像（左）

孔子隆鼻厚唇，门牙外露，凸目垂耳，佩剑拱手，形貌异人。题刻右"吴道子画"四字。

孔子行教像（清代）（右）

传唐代吴道子绘。明清时期，各地均有题作"吴道子笔"的碑石立于府学或文庙中。清代尊孔之礼胜于前朝。

与好学相联系的是乐学。如果认为学习是一件苦差事，就很难坚持学下去。在乐学问题上，您有哪些高见？

汉桓帝像

东汉桓帝永兴元年(153年)，桓帝批准设置百石卒吏一人，掌领礼器，以国库的钱财负责管理和维修孔庙。从此，修治孔庙不再是孔家的"私事"，而是国家的"公事"。此后，孔庙也不再限于曲阜一地，许多地方都由国家出资建起了孔庙。

孔子：我认为，这首先是一个人的志向问题。如果一个人胸无大志，就想糊里糊涂地度日，那他就会想：干吗学那么多东西啊，还是舒舒服服、轻轻松松地混日子吧。如果你是一个有志向、有追求的人，那必然会认真地去学一点东西。我说过"吾十五而志于学"的话，没有这个"志"字，学习就乐不起来。

好学图（明代石刻拓本）
图中孔子在讲礼乐，有人要驱赶他，可他岿然不动。

其实，乐学是一种境界，不只是学习的境界，更是人生的境界。这样理解，不知先生以为然否？

孔子： 我在《论语·雍也》中说过，"知之者不如好之者，好之者不如乐之者"。这就是讲学习的三种境界。第一种境界是为求知而学。第二种境界是为嗜好而学。第三种境界是为欢乐而学。学习就是与古今中外的学人、哲人、智者对话，使自己也逐步智慧起来，精神境界高远起来。

周敦颐像

宋代是儒家思想极为活跃的时代，各家各派都在阐述孔学。宋代理学的开山鼻祖周敦颐认为，人之所以是"万物之灵"，在于"能思"，圣人的根本在于特别能思，"思者，圣功之本"，而孔子就是古今未有的思想大师。他说："道德高厚，教化无穷，实与天地参而四时同，其唯孔子乎！"在周敦颐看来，孔子是天地间唯一的大思想家、大学问家。

乐学图（明代石刻拓本）

孔子出门欢迎前来求学者，像是赞其"乐学"。

追求人生之乐，这是春秋战国时期所有学派的共通之处。但是对这个"乐"字，理解是不尽相同的。先生您说的"乐之者"与庄子说的"无乐之乐，是为天乐"，意思上是否比较贴近？

司马迁像

汉武帝时代的司马迁作《史记》，将孔子列于世家。布衣与王侯列于同等地位，此为首次。他说："孔子布衣，传十余世，学者宗之。自天子王侯，中国言六艺者折中(取正，作为准则)于夫子，可谓至圣矣!"称孔子为"至圣"，这是第一次。

孔子：大体上是一致的吧。我是一个音乐爱好者，但是，我的乐趣不只在于听乐曲，而更多地在于学习时体验乐趣，这也算是一种"无乐之乐"吧！学习使我贴近大自然，贴近人生，甚至是贴近古人。这是一种天趣之乐，是一种人生的"大乐"，也就是庄子说的"天乐"。

至圣先师像(清代石刻)
仿孔子行教像刻制，现存台湾台南孔庙大成殿。

51

正是这种人生的"大乐"，促成了您的终身学习；或者说，您正是在终身学习中，寻求到了人生的"大乐"，两者是相辅相成的。先生，是不是可以这样理解？

孔子：当我只是面对现实的时候，会被现实中种种不如意事所困扰；而当我全身心地投身于学习和探究之中时，又会感受到这种人生之大乐。有人询问我的生活状态，我要弟子告诉他："其为人也，发愤忘食，乐以忘忧，不知老之将至。"（《论语·述而》）乐学的境界驱使我成为不倦的终身学习者。

七十二贤之一：仲由

　　字子路，又字季路，春秋时期鲁国人，孔子得意门生，以政事见称。为人伉直鲁莽，好勇力，事亲至孝。孔子设德行、政事、言语、文学四科，而子路是政事科之优异者，深得孔子器重。孔子称赞说："子路好勇，闻过则喜。"又说：我的主张如果行不通，就乘木筏子到海外去。那时跟随我的怕只有仲由了。

圣行颜随图（清代木刻）

　　图中孔子绾发戴冠，美须苍颜，拱手佩剑，步行于前；颜回随后，籍冠无须，貌似少年，装束如师，手势一致，寓意凡老师一言一动，皆能紧跟。

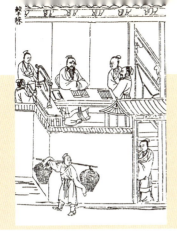

由乐学而进一步提出"游于艺",这似乎是学习的更高境界了!可以这样理解吗?

寄心击磬图（明代木刻）

此图刻画了孔子到卫国蒲地,击磬以寄心思的一段事迹。《论语·宪问》有"子击磬于卫"的记载。

射矍相圃图（清代木刻）

图中射击场上平阔无尘,子路手拿弓箭而未上弦,旁有人观射,又有三人走出习射场。刻画孔子习射于现场,讨厌那些游手好闲的人看热闹,气愤那些溃军之将以及亡国之臣,更不让他们入场。此图印证了孔子通晓礼、乐、射、御、书、数"六艺"。

孔子：确切地说,"游于艺"是真正乐学的人的必然状态。游于艺的"艺",一般学者释为"六艺",即礼、乐、射、御、书、数,这当然是不错的。但是,我觉得,"艺"既作为"人生所需"（朱熹语）,它涵盖的范围可能还要更广一些。

我没有将"游于艺"孤立起来谈。完整的提法是:"志于道,据于德,依于仁,游于艺。"（《论语·述而》）显然,"道""德""仁"比起"艺"来,是更为重要的东西。一个人有道德,有仁心,他的立身才有依据,处世才有方向。有了这个前提,再谈论"艺"才有价值和意义。有学者认为,《述而》中的这段话是"孔子的教学大纲",其实,作如是解,倒不如说这段文字是"孔子倡导的人生大纲"。

此不得与将输使相孔射
去从人为亡之子圄子矍
者流李后人国日路观习相
大倍帝军之愤执者射圄
半者好夫之矢堵矍
立礼不军弓如于

上面较多地讲了学习主旨以及由此派生出来的一些问题，现在我们还是多讨论一下先生您倡导的种种学习方法。据我们考察，您是最早最系统地提出"学问"这一概念的人。俗话说得好：学问学问，有问才有学。这里还是请您谈谈"问的学问"吧！

孔子：在学习中，"问"实在太重要了。我很年轻的时候，就注重把"学"与"问"结合在一起。"子入太庙，每事问。"（《论语·八佾》）这事还引起了一场不大不小的误会。我当时已以知礼远近闻名，有人看我问得那样起劲，而且"每事问"，就怀疑道："谁说孔子知礼啊，看，他入太庙，什么都要问！"我当时回答得很巧妙，也很幽默。我说："每事问，那才是知礼的表现啊！"我这样回答，使持怀疑态度的人为之语塞。

李贽像

明代被斥为"异端第一人"的李贽（卓吾），是儒家正统思想的反叛者。他认为，是非标准是随时代而变化的，"不能以孔子之是非为是非"。如果孔子今日复生，他说不定又会制定出种种新的是非标准来呢！李贽主张，人们应该脚踏实地地到生活中去寻"道"，而不是从千年前的孔子那里去找。

欹器示戒图（明代木刻）

出自《荀子·宥坐篇》。孔子立于欹器案旁，袖手拱于胸前，似在讲述"中庸"之道："虚则欹，中则正，满则覆。"意谓人生处世要中正，不偏不倚，不满不虚，满则易遭恶人诬陷迫害，虚则易倾侧于一方，唯中正才是处世之道。

我们倒真的有点儿不懂了：为何说只有"每事问"的人，才是真正知礼的人？能不能回过头来说，不想"每事问"的人，其实不是真正知礼的人？

王充像

在尊孔之风日盛之时，敢于站出来批评这位大圣人的，是著名的思想家王充。他针对当时不少儒者说孔子"不学自知，不问自晓"的离奇妄语，在《知实篇》中用孔子不能先知先觉的十六件事加以反驳。如："匡人之围孔子，孔子如审先知，当早易道，以违其害。不知而触之，故遇其患。"又如："子入太庙，每事问。如若生而知之，何劳询问？"王充反对偶像崇拜，在《问孔篇》中，揭示了孔子许多自相矛盾的地方。

孔子：这里大致有三种情况：一是对有些事物的确是不知的，"不知则问"，这样的"问"，是一种老实的态度。二是知道一点，但对所知还有所怀疑的，问之为释疑。《论语正义》解释道："云每事，容亦有所已知者，今犹复问于人，故为慎也。"这是一种认真的态度、负责的态度、谨慎细心的态度。三是知道一点，但还不知道更深层面的东西。事物之理是无穷尽的，深知了还可以更深知，因此"问"也就没完没了。

孔子礼遇项橐图（黄国乐绘）

取自项橐(tuó)七岁时答孔子所问，不被所难的故事。画中孔子背后有一牛车和弟子随行，正是孔子出游途中的情景。

前面说到"每事问",其实,您还主张"每人问"呢,是这样么？因为"事"都离不开"人",不"每人问",实际上还是没做到"每事问",对吗？

孔子：我没有说过"每人问"这样的话，但我想也可以这样说吧，我提倡的"不耻下问"，实际上就是提倡"每人问"。比自己"下"的人可以"下问"；与自己学问相当的人可以"互问"，交换自己的看法；比自己"上"的人更可"上问"了，这不就是"每人问"吗？

"不耻下问"也有三义：一是"问"于地位比自己低的人不为耻。我常向"鄙"人问"鄙"事，这有什么可耻的呢？因为他们确是有许多比我高明的地方。二是"问"于年岁比自己低的人不为耻。我常说的一句话是"后生可畏"，后生小子身上的确有许多可贵的东西，我为何不向他们学一学呢？坊间有我向七岁稚童请教的故事，正是我"不耻下问"的真实写照。三是"问"于知识水平比自己低的人不为耻。有些人总体知识水平比你低，并不等于一切都比你低，他们身上可学的东西多着呢！

孔子非官非民图（清代）
图中孔子非官非民之装束，所戴冕旒（liú）更不合规制，似有意刻画之。

宋真宗像
宋真宗执政时，追认孔子为"玄圣文宣王"，并亲自撰写《文宣王赞》，之后又改称孔子为"至圣文宣王"。

您还提出了"切问"这个新概念。历来的注家都把"切问而近思"中的"切"和"近"当作方位词来理解。"切",以为就是靠近,贴近,朱熹把"切问"与"泛问"相对来理解。"近",以为就是距离短,不远,一些学者衍解为"思索与自己周边形势、职位、能力相关的事情"。这样一来,"切"与"近"似乎等义了。先生以为这些学者的看法符合您的本意吗?

汉宣帝像

《汉书·元帝纪》记述了宣帝与太子(元帝)的一段关于"汉家制度"的对话:太子见宣帝所用人才多文法吏,尝从容言:"陛下持刑太深,宜用儒生。"宣帝作色曰:"汉家自有制度,本以霸王道杂之,奈何纯任德教,用周政乎!"所谓"霸王道杂之",就是在以儒为本的基础上,杂以道、法、阴阳诸家。这种统治术,后来成为一种常态。

孔子:我不太认同这些看法,至少不完全认同。

"切问"之"切",虽然一般可作靠近、贴近解,但我在这里的意思是作急切、急迫解更为妥帖。杜甫在《狂歌行赠四兄》一诗中有"弟切功名好权势"的说法,这里的"切"就有急切的意思在里面。"切问"表达的是一种对生活中所见、所闻急切地拷问的心态。只有急切地问于他人的人,才能成为博学者,也才真正算得上是笃志者。

"近思"的"近",一般解释为距离短,因此有人就望文生义地把"近思"释为"思考自己身边的事"了。其实,这是不正确的。"近"除上面的意思外,另有重要的一义是浅近、浅显。《孟子·尽心下》:"言近而指远者,善言也。""言近",指浅显之言。"近思"之"近",如果作浅显解,那实在是很有意思的。通过思考使深奥的东西浅显化,使复杂的现象简单化,这就是"近思"。我要求于学生的也无非是这样一种思维态度和思维状态。事实上,也只有这样的"近思"者,才算得上是博学者,也才能成为真正的笃志者。

孔子拱手图,作于清光绪二十三年(1897年)

《论语》中的"博学而笃志，切问而近思"这一教化大纲，到《中庸》中进一步展开、升华为"博学之，审问之，慎思之，明辨之，笃行之"的教条。先生，能不能请您对"切问"与"审问"作一点有益的比较。

孔子：可以的。"切问"和"审问"都是讲"问"，但追问的情境和境界是不尽相同的，可以说，后者比之前者是大大跨前了一步。"审问"至少有如下三义：

其一，"审问"有详究地问、细察地问的意思。《说文解字》云："审，详也。""审"与"问"联系在一起组成一个新词，就使"问"的探究精神跃然纸上了。

其二，"审问"也应该有慎重认真地"问"的意思。"审"这个字眼，在春秋战国时代的诸子笔下具有慎重地发问以核实事实真相的意思。

其三，"审问"还有通过辩说把事物真相弄清楚的意思。《墨子·小取》："夫辩者，将以明是非之分，审治乱之纪，明异同之处，察名实之理。"看，这里完全是在讲辩论的好处了，可以明是非、审治乱、明异同、察名实，辩之功效大矣！"审"一旦与"问"联系在一起，更赋予"问"以辩论、辩说、争议等新义。

如果说"切问"只是表明了"问"者的心境和态度的话，那么，"审问"则赋予发问者一种科学精神和科学态度了。

白居易像

白居易认为儒门和释教中有不少共通的东西。他说："夫儒门、释教，虽名数则有异同，约义立宗，彼此亦无差别。所谓同出而异名，殊途而同归者也。"白居易像孔子一样是主张文化融合的。

孔府大门

明洪武十年（1377年），孔子五十六代孙衍圣公孔希学奏请皇帝批准，始将孔庙、孔府分立，于原衍圣公宅西南建新的衍圣公府。

先生论学，大致分为该怎样和不该怎样两大类，所谓"子绝四：毋意，毋必，毋固，毋我"（《论语·子罕》）就是属于后一类的。"绝"的释义，据朱熹的解读是"无之尽者"，讲得通俗些就是最应该禁绝的观念和行为方式。我们很想听听先生对这番话的解说。

张载像

宋代理学的开创者、"关学"的代表人物张载，说孔子之学说"为天地立心，为生民立命，为往圣继绝学，为万世开太平"。这"四为"之说，成为历代评价孔子的最经典说法。

孔子：我的"绝四"，虽只有简简单单的八个字，意蕴却十分深刻的。

"意"，通"臆"，也就是主观猜想。人的知识来自苦学和实践，而不在于带有很大主观随意性的冥思苦想。

"必"，有人解为"期必"，有人解为"独断"，我看都没有说到点子上，偏离了我的本意。实际上，"必"是指肯定、断定、必定。《韩非子·显学》："无参验而必之者，愚也。"为何"必"就"愚"呢？因为客观事物的结论往往是多元的。"必"是把丰富多彩的客观世界简单化和标本化了。

"固"，是顽固、固执、不通脱。世界在变，世事在变，人也在变，可是有些人对此一概看不到，固守于一点。"固"是守旧，是固执己见，是不思进取，是实在不可救药的。

"我"，就是自我。我说的"毋我"内涵也是十分丰富的，含义至少有三：其一，学习虽然是极为自我的事，但学习过程的完成却离不开他人，离不开群体，甚至也离不开整个社会。"毋我"，反对的是独学无友。其二，"毋我"还在于警示学子们，不要总以为真理都在自己手里，不要自以为是，不要排斥他人。其三，也是不少学者已经指出了的，"毋我"还指不要把学问当作谋私、营私、利私的手段，那样做就实在是太"小人"了。

稷（jì）下学宫遗址

孔门弟子有不少人（包括孟子）曾在齐国稷下学宫任职。

我以为，一个人只有杜绝了上述四端以后，才能够谈论学习，才能成为一个名副其实的"君子儒"。

我们觉得"学而不厌，诲人不倦"这八字体现了先生为学的日进无疆精神和处世的积极负责态度。这样的理解正确吗？

孔子：说实话，这样理解正合吾意。"学而不厌"的内涵十分深刻，它包括不厌其苦、不厌其细、不厌其深、不厌其广、不厌其烦……唯其"不厌"，我才会学得笃，学得实，学得博，学得大，学得精，才能见人所未见，知人所未知，言人所未言。

"诲人不倦"中的"诲人"，是指面向他人、面向群体、面向社会的事。"诲人不倦"中的"不倦"，指的是一种不懈怠、不厌烦、不中断的积极进取的负责态度。这是一种社会公益心和利他精神。

《易·系辞下》："通其变，使民不倦。"我的"诲人不倦"的观念与《易经》上的提法是一脉相承的。可以这样说，我的"诲人不倦"，终极的目标是为了"使民不倦"，不断向前。

王安石像

宋代的王安石力求塑造孔子形象为其变法所用，把孔子说成是一个改革家。他在《夫子贤于尧舜》一文中说："至孔子之时，天下之变备矣，故圣人之法亦自是而后备也。"他认为，孔子在"集诸圣人之事而大成万世之法"这点上，比尧、舜还贤达和伟大。

观周明堂图（清代木刻）

图说周成王年幼，秉圭坐在天子位上，后有周公（名旦）辅政。孔子率弟子观壁画，举圣君贤臣与夏桀(jié)、商纣作对比，教人从善弃恶，知古代帝王盛衰，也明社会之兴亡。出典于《孔子家语》。

我们有一点不解：先生在这里为何不说"教人不倦"，而偏要说"诲人不倦"？"教"和"诲"之间究竟有何区别呢？

元武宗对孔子的加封更丰厚。他封孔子为"大成至圣文宣王"，封孔子夫人为"大成至圣文宣王夫人"，封孔子父亲叔梁纥为"启圣王"，封孔子母亲颜太夫人为"启圣王太夫人"。元人胡瑗说过："我朝崇儒重道之意，度越前古。"

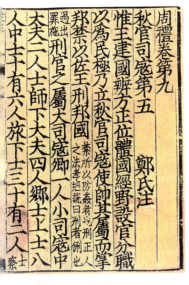

《周礼·秋官司寇》书影

孔子： 一般学者历来认为"教"与"诲"可以通释。如后人的《说文解字》释"诲"为"晓教也"，朱子在"诲人"条下明确注为"教人"，钱穆等诸多注家亦释为"教导人"。

但是，在古文献中，凡言及"教"，绝大多数指的是官办的、依国家指令进行的教育活动。而"诲"就不同，它的指向要宽松和自由得多，它具有更多更浓烈的民间色彩。

我承继了将"教""诲"分开的中华文化传统。有时我也说到"教"，但所指的基本上是一种由国家发动并实施的教育活动。在回答季康子怎样才能"使民敬、忠以劝"时，我说到"举善而教不能"（《论语·为政》）。这里说的"教不能"的"教"，就是指国家的公职人员。

很明确，我认为自己所从事的活动与当时传统意义上的"教"是不同的，是一种相对较为自由的、具有一定个人随意性的、以"诲"为特征的教化活动。

我之所以将自己的教育和教学活动称为"诲"，意在说明，这种活动不只形式有别于以往，在师生的关系上也多有变化。"教"是严肃的，甚至是师道尊严的。"凡学之道，严师为难。师严，然后道尊。"（《礼记·学记》）教者与学者之间处于严重对立之中。我对这种状况十分厌恶，刻意要用"诲"的方法加以改变。

61

孔子行教像（清代），依唐代吴道子所作画像再绘

第三章

万世师表

　　孔子是伟人，那是毫无疑问的。孔子的伟大可以从多个角度来谈。我们完全可以把孔子看成教育学意义上的伟人。

　　在孔子之前，基本上是"学在官府"；在孔子之后，渐次完成了"学术下移"。被这一历史性巨变的浪涛推出的是私学，而私学的巨擘无疑是孔子。

　　孔子是中国私学第一人。他创造了一种前无古人的教育形式，他的"弟子三千"实际上是一个庞大的新兴教育团队。

　　孔子创造了一个时代。对后人来说，"万世师表"非孔子莫属。

说到私学，有人会认为：那不是古已有之的吗？为什么说您是私学的巨擘和鼻祖呢？如果您之前无私学，那么那时的教育是取一种怎样的形式呢？

孔子：私说、私学古已有之。私学的确是作为官学的对立物出现的。在春秋时期之前的相当长一段时间内，教育一直控制在官府手里，当时叫"学在官府"。"庠""序""校"等名目就是掌握在官府手中的教育机构。那时，不排除有人也想办私学，但条件不成熟，而且官府控制得很严。周平王东迁后，周天子丧失了"天下共主"的实际地位，文化领域里就出现了所谓"学术下移"的现象，各级官僚机构对学术和文化的控制一放松，私学就应运而生。

有趣得很，原先那些很荣耀地在周天子辖下当乐官、礼官、教官的人，现在一看形势大变，都不安分起来，走的走，逃的逃。

那些史官以及学校的教职人员也外逃了。官学崩溃了。一些人就在民间办起了自己的教育，那就是所谓的"私学"了。

私学是没有名分的，不用官府批准的。

日本现存最早且较完好的孔子青铜像

制于明代，依吴道子所作孔子画像为底版进行的再创作。关东大地震和第二次世界大战时，圣堂建筑被毁，唯孔子像幸免于难，至今仍祀奉于大成殿中。

孔羡碑

魏文帝（曹丕）黄初元年（220年）刻立。记载封孔子二十一世孙孔羡为宗圣侯并修庙建学之事。

办私学，最重要的条件是要有教师，而且这些教师应该是不被官府控制、有自由身份的人。这样的教师群体是不是都是从官学中逃遁出来的？

孙武像及《孙子兵法》书影

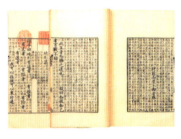

　　被称为"兵圣"的古代著名军事家孙武所著的《孙子兵法》，一直是中外军界和商界推崇的经典，与被称为"文圣"的古代伟大的思想家、教育家孔子所著《论语》齐名。

　　孔子：不全是。一个来源是原先的"学在官府"中的那些教职人员，现在流落在民间了。他们的生计成了问题，就靠自己文化上的一技之长，转而成为私学的教师。另一来源是民间的一些文士走向了学校教育。他们有的可能在官学中学过一阵子，但主要是自学成才。与我同时代的文士中，最有名望的有邓析、晏婴、老聃(dān)、墨翟、叔向、史墨、关尹、孙武等，他们都没有在官府之学中任过教职，但都像模像样地当起私学的教师来了。

明代丁云鹏纸本笔绘孔子像

　　画中孔子穿蓝袍簪司寇冠，铺席坐于石上。

有学者以为，春秋时期私学的兴起，是一种社会现象、时代风气，开辟者是一个群体。这种说法似乎在否定您的私学创始人的地位。对此，您有何看法？

孔子：说私学之起是一种时代风气，是一种群体现象，这话不错。《汉书·艺文志》："（文士）蜂出并作，各引一端，崇其所善，以此驰说，取合诸侯。"这应该说是一种好的现象。过去官学时是舆论一律，教什么、怎么教，都定得死死的，现在那一套都没人管了，这叫"各引一端，崇其所喜"。但是，只说这是一种群体现象还不够，还得指出群体中谁是引领者，谁是得风气之先者。在这方面，我孔丘，还有墨翟，有所优势。历史已经证明，我们是够得上"私学创立者"名号的。

管仲像

管仲是春秋时期齐国人，政治家，帮助齐桓公成就了霸业。他的"仓廪实而知礼节，衣食足而知荣辱"的思想，极大地影响了孔子。《论语》中多次提到管仲，赞他是个大仁人。

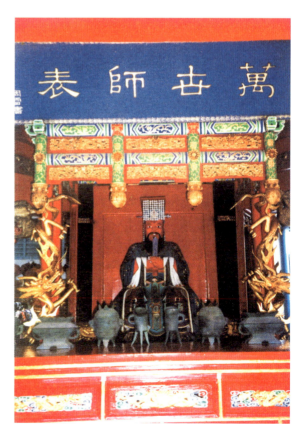

万世师表（新加坡彩塑）

孔子头顶冕旒冠，身穿袍裳，黑须赤面，双手抱一镇圭。像前设长香案，上列豆、簋（guǐ）、斝（jiǎ）、鼎等青铜祭器，以作春秋重礼之象征。龛上高悬"万世师表"金字蓝底隶书匾额。一派中国文化深远影响之装饰。

您说自己够得上"私学创立者"的名号,对此,我们可以相信,但还是请您作一点具体的说明吧,不然会让人感觉有"自吹"之嫌。

洙泗书院坊额
　　明代嘉靖三年(1524年)建坊,现仅存坊额。

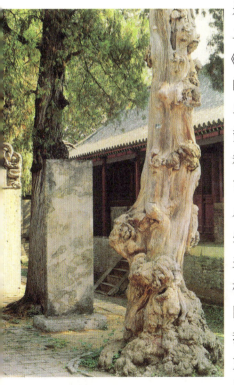

孔庙大成殿殿庭
　　石碑为元代修庙碑。

　　孔子: 我说自己是私学创立者,绝不是自吹自夸。当时我明显的优势至少有那么几条:其一,教育指向。在当时不少人的办学指向还是走上层路线,称为"以此驰学,取合诸侯"。他们的教育还是为贵族阶层服务的。而我明确宣布了"有教无类"的原则,这实际上是把教育指向了民众,顺应了历史的潮流。其二,教育内容。《史记·孔子世家》:"孔子以《诗》《书》《礼》《乐》教。"这些内容是传统的(千百年来)教育教学内容的继续和发展,比单纯的识字教育和单纯的贵族化教育都有优势,上层下层都较易接受。这些内容又是经我精心加工整理过的,具有鲜明的时代色彩,教育效果也自然是好的。其三,教育规模。如果从三十岁招收第一批学生算起,到我七十三岁生命终止,我的教龄有四十多年之长。"教弟子盖三千焉,身通六艺者七十有二人。"这样的规模除墨翟可与我比肩外,其他无人可企及。其四,教育影响。教育最后是要由群众认可的。我孔丘之学群众是认可的。"孔墨之弟子徒属充满天下。"(《吕氏春秋·有度》)"世之显学,儒墨也。"(《韩非子·显学》)"显学"是群众的封号,是群众对我的最大认可。

我们都知道，由于家境贫寒，少年时代您没有打好应有的学问基础，而要当好开时代风气的私学领军人物，必须在学识上高人一等。我们很想听听您是如何在学识上修养自己的。

明太祖像

明太祖朱元璋于洪武元年（1368年）中原初定时，就匆匆接见衍圣公孔克坚，赐予不施君臣之礼的最高待遇，强调要弘扬"你祖宗留下的三纲五常、垂宪万世的好法度"。他尊孔子为圣人，论孔学是"治国之良观"，每当议事"辄取孔子之言观之"。

孔子：我一直说，要当好老师，先要当好学生。可以说，我的老师无处不在，我的学习场所无所不在。当卫国的公孙朝问我的学生子贡"仲尼焉学"时，子贡回答得极好："夫子焉不学？而亦何常师之有？"（《论语·子张》）他是说，我们的老师何处不学啊，又何必要有固定的老师传播呢？现在"学无常师"成了成语了，典就出于此。

子贡手植之楷树

清康熙年间楷树遭了雷殛（jí），如今仅剩一段"楷亭"呵护的枯干。

子贡手植楷亭

您的那些非常师的"老师"之中，想必有不少是名师硕儒。给我们介绍一二吧！

七十二贤之一：闵子骞

闵子骞是孔子德行弟子中的代表人物，有传说中的穿芦衣为父推车的故事。孔子赞扬他："孝哉，闵子骞！"（《论语·先进》）

孔子：名师硕儒当然是有的。我拜过精通职官的郯子为师，使我懂得了"天子失官，学在四夷"之理。拜过琴艺超群的师襄为师，我跟他学琴的时间相当长，他被我学习的执着精神所感动。我还到洛阳去拜见了老子，即世传的所谓"问礼于老子"。这些都是在我的生活历程中打上了难以磨灭印记的名师。

孔庙问礼故址碑

孔子像（清代木刻）

图中孔子头戴垂脚软巾，披锦缎开氅，手托诗书端坐弟子之中。明代嘉靖皇帝改元代的孔子封号"大成至圣文宣王"为"至圣先师孔子"，并制定孔子木主牌位立于文庙以供祭拜。

"子见老子"的掌故，是中国历史上最具文化典型意义的事件，但现有典籍的记载各具不同，甚至有着很大的差异。在这里，恳请先生告诉实情。

孔子：这应当说，"子见老子"在我一生中也是件大事。在《史记·孔子世家》《史记·老子传》《礼记》《孔子家语》《庄子》《吕氏春秋》等书中都有"孔子学于老聃"的记载，因此，这件事的真实性是不容怀疑的。

七十二贤之一：冉伯牛

"冉耕，字伯牛，孔子以为有德行。"（《史记·仲尼弟子列传》）史称颜、闵、冉为孔门德行上的"三杰"。伯牛后患"恶疾而终"，临终前孔子亲往其住处慰问。

事情大致上是这样的：鲁昭公二十四年（前518），已经师从于我的南宫敬叔请求鲁国国君让他与我一起到周去问礼。鲁君同意了，赐给了我们一辆车、两匹马和一个僮仆。这些其实都是孟氏家中的，鲁君怎么"赐"得起？只是个名义罢了。到了周地，我带着南宫敬叔就直奔老子所在的守藏室而去。老子很少会见外人，可对远道而来的我们却显出了他的热情。他花了不少时间与我交谈，临行时还亲自送我等到屋外。最后我请他留下临别赠言，他不假思索地说："去子之骄气与多欲，态色与淫志，是皆无益于子之身。"（《史记·老子传》）见罢老子，我就与南宫等马上自周返鲁了。

禮問周觀

观周问礼图（清代木刻）

选自《养蒙图说》。图写孔子问礼于老子，受教将回鲁国，老子送别时讲了"良贾深藏若虚，君子盛德，容貌若愚"等一番话。其义深刻，故孔子对南宫敬叔有"今见老子，其犹龙乎"之叹。

我们知道您到周地去主要是为了追寻那里的古文化，与老子会见只是这次出游中的一个插曲。我们想问的是：您觉得与老子的会见，对您和您一生的事业影响大吗？

七十二贤之一：冉雍

冉雍，字仲弓，亦为孔门德行的代表人物，少孔子二十九岁，出身贫困。冉雍修养好，孔子断言："雍也可使南面。"（《论语·雍也》）所谓"南面"，钱穆释为"可位居诸侯"。

孔子： 当然，影响至大。我回鲁后就对弟子们说：我见到老子了，犹如见到了"乘风云而上天"的飞龙。他是那样的高古，又是那样的高深莫测。他的去欲、去骄、去淫的教诲使我终身难忘。我身后两千多年来的诸多学者都没有太重视这次会见。其实，这次会见可以说是我人生和事业的一个转折点，此后我把精力都集中在私学事业上了。司马迁是了解我的。他在书中说："孔子自周反于鲁，弟子稍益进焉。"可以说，从那时开始，我的弟子人数大增了。

孔子见老子图（汉代碑刻）

山东嘉祥出土。绘刻孔子躬身，手捧一物，面对画面右方的老子如行礼状。老子亦俯身挂一曲杖，似在鞠躬还礼。榜书"孔子""老子"于左右。画中间一髫龄儿童，有说"七岁项橐"。汉代画像石中，以孔子见老子为题材的画面众多，足见"孔老会"影响之大。

您身体力行"学无常师",说明您不只拜那些名人为师,还把那些常人也视之为师。这是师义的泛化。请您给我们说说这方面的情况吧。

孔子：其实,我是主张"人人为师"的。有史书记载,我甚至拜七岁孩童项橐为师。我说过:"三人行,必有吾师焉。择其善者而从之,其不善者而改之。"(《论语·述而》)这就不是原先意义上的"师"了,而是极大地加以泛化了。善者可以为师,那是正面教员;不善者亦可以为师,那是反面教员。他们都是我的教员。这个道理我是深思熟虑后悟得的。

七十二贤之一：宰予

字宰我,为孔子早年弟子,曾因"宰我昼寝"而遭到孔子的严厉批评。他是孔门言语科人物,"利口善辩",是孔子门下最杰出的外交人才。孔子在周游列国中遇到困厄时多由宰予出面交涉。

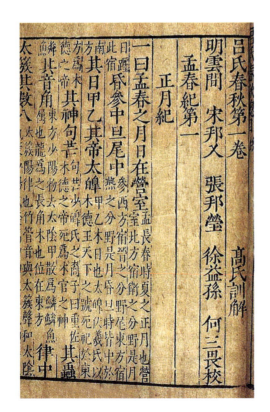

吕不韦像及《吕氏春秋》书影

有学者统计,《吕氏春秋》中称引孔子有77次,另有称引仲尼61次,共138次。几乎"言必称孔",足见孔子在吕不韦心目中地位。

既然说是"人人为师"，那么能不能说，您的众多的学生也是您的老师了？

七十二贤之一：冉有

"冉求，字子有，少孔子二十九岁。"（《史记·仲尼弟子列传》）为孔子早年弟子。孔子曾说："求也艺，于从政乎何有？"在孔子看来，冉有从政是会很有成就的。

孔子：是的。学生也是我的老师。我说过"后生可畏"（《论语·子罕》），这里的"畏"，不是畏惧，而是敬畏。他们身上有太多的东西值得我去学习。我一再给颜回、子由、子路等学生说过，我在整体上可能比你们强，但在具体的某些方面，我是不如你们的。

陈庭辩矢图（明代木刻）

与明彩绘绢本《圣迹之图》的《楛（hù）矢贯隼》大同小异，均在刻写孔子周游至陈，有一隼飞到陈侯潘公的庭院中死去。孔子手指隼鸟说，当是中肃慎之箭而亡。陈公垂视隼鸟之表情，若有所疑，派人查对后果然如此。此故事反映的是孔子的博学。

陈庭辩矢

据我们所知，春秋时期的大师级人物在招收门徒时都有自己的标准。请问，您招徒的标准是什么呢？

孔子：可说有，也可说无。我的总的提法是"有教无类"。你只要好学、想学，我就"有教"，至于你原先和现今的情况怎样，我是不过问的，那叫"无类"。从出身上讲，颜回居陋巷，原宪出于穷闾，仲弓之父为贱人，而子贡出身商贾，孟懿子身袭大夫，不同阶层的人都有。从资质上看，"柴也愚，参也鲁，师也辟，由也喭"（《论语·先进》），各有不同。从性格上讲，子路性鄙，司马牛多言而躁，颜回温顺随和，各具特点。就是外貌也很不一样，有的相貌堂堂，有的长不盈五尺，且状貌甚恶。总之，我的学生从出身到个人的生理心理条件都是不同的，但出于"有教无类"的准则，我对他们一视同仁。

七十二贤之一：子游

言偃，"吴人，字子游，少孔子四十五岁。"（《史记·仲尼弟子列传》）在孔门十哲中，子游长于礼乐典籍，曾任武城宰。《论语·阳货》载："子之武城，闻弦歌之声，夫子莞尔而笑曰：割鸡焉用牛刀？"孔子对子游的礼乐文化是欣赏的。

大成殿

"大成"，是孟子对孔子的评价。他说："孔子之谓集大成。"赞颂孔子达到了集古圣先贤之大成的至高境界。

子贡问孔子（湖北石刻）

子贡即孔子的学生端木赐。

春秋时期，"国家"林立，大小各不相同。我们知道，您的学生是来自天下各国的。"有教无类"是否也包括国别上的无歧视？

七十二贤之一：子贡

子贡是孔子门下善于经济和言辞的弟子，且有鲜明的从政倾向。《论语·雍也》有载："子贡曰：如有博施于民而能济众，何如？可谓仁乎？子曰：何事于仁，义也圣乎！"孔子是希望他成为"博施于众"的仁者。后相鲁卫，"家累千金，卒终于齐"。

孔子：当然也包括国别上的无歧视。我办的是标准的"国际学校"。我的学生有的是鲁国人，如颜渊、曾参；有的是卫国人，如子贡；有的是陈国人，如颛（zhuān）孙师；有的是齐人，如公冶长；有的是宋人，如司马子牛；有的是楚人，如公孙龙；有的是吴人，如言偃、燕思；有的是秦人，如秦祖、壤驷。这里特别值得注意的是，如南方的吴国、西方的秦国，我虽然没有到过那里，但也有学生慕名而至，这使我感到很欣慰。

孔子之子孔鲤墓（泗水侯墓）碑

孔子之孙孔伋（字子思）墓（沂国述圣公墓）碑

后世教学都分出年龄段，年龄段又与教学段相吻合。您创办的私学，在年龄上是否也"有教无类"呢？

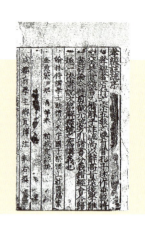

孔子：说实话，在当时是不可能划分年龄段进行教学。我的学生中，有的差不多是我的同龄人，有一个叫秦商子丕的学生，只比我小四岁。还有子路，只小我九岁，也基本上是同龄人。有的则是我的子字辈人物，小我二十到三十岁不等，比较著名的有颜回、闵子骞、子羽等。还有一大批人小我有四十到五十岁，甚至五十岁还多，那是孙子辈人物了，如子思小我三十六岁，子游、子夏小我四十五岁，曾参小我四十六岁，子张小我四十八岁，子鲁、子循、子析都小我五十岁，公孙龙小我五十三岁。他们共学于一堂，教学的科目也差不多，当然深浅是不一样的。

《孝经》书影

公元285年，百济王派儒学博士王仁渡海到日本，赠与日本王子《论语》《千字文》等。513年，日本开始设立"五经"之学，渐渐地儒学不只影响了日本民众，也影响了日本政治。推古天皇朝的法律，第一条就是"和为贵"，第二条则是"国非二君，民无二主，率土兆民，以王为主"。在孝谦天皇的诏书中，更有"宣令天下，家藏《孝经》一本，精勤诵读"这样的话。

大成至圣先师孔子像（清代木刻）

图中孔子被绘成"龙首"模样，全身披衮服，上绣双龙穿云，下系素裙。双手以绣帕托镇圭，头戴十一旒冕冠。颜子、子思、曾子、孟子侍立两侧。

据说，您虽然实施的是"有教无类"，但要当您的学生，学费还是要交的。在中国古代，有以货币作学费的，也有以实物为学费的。您学生的学费以何种形式支付呢？

二堂匾额
康熙帝手书"节并松筠"，乾隆帝手书"诗书礼乐"。

孔子：严格地说，那不叫学费，而是一种见面礼，也就是后世师生初次照面时的"贽礼"。我说过："自行束脩(xiū)以上，吾未尝无诲焉。"（《论语·述而》）我是说你只要拿了十条肉脯(即束脩)到我这里来求学，我是不会拒之门外的。这束脩对当时社会来说，是微不足道的，谁都出得起，彰示的是一种对师长知识和智慧的尊重，所以在我看来是不可少的。

大成殿龙柱

在社会生活中，您有没有碰到过暴虐不堪的青少年？为不使他们危害社会，您是否曾把他们收留过来进行教诲？

垂花门

又称仪门、重光门，明代中期建造。门上悬挂"恩赐重光"竖匾，为明世宗题写。

孔子：当然有的，子路就是一个典型。《史记·仲尼弟子列传》有载："子路性鄙，好勇力，志伉直，冠雄鸡，佩豭（jiā）豚，陵暴孔子。孔子设礼稍诱子路，子路后儒服委质，因门人请为弟子。"当初的子路很粗野，动不动就在街头打群架，头上插着公鸡羽毛，身上佩着公猪的牙齿。我在那里讲课，他就在外面捣乱。我不骂他，也不弃他，而是待之以礼仪，教之以道德，终于把他收为弟子。乱世中，这种类型的孩子还真不是个别的呢！

弘道门

始建于明洪武十年（1377年），为明初时孔庙之大门。雍正八年清世宗据孔子"人能弘道，非道弘人"语意，钦定为"弘道门"。

请问，您的三千弟子是同时进入您的教学殿堂学习的呢，还是前后相加有那么多学生？

金代碑亭

金明昌年间(1190—1195年)重建，为孔庙现存最早的建筑。

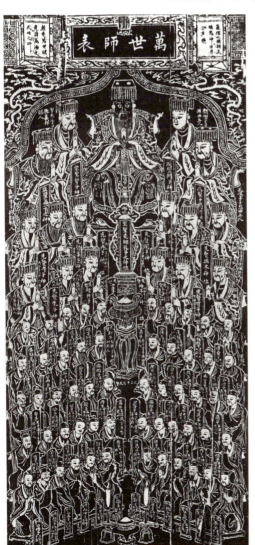

孔子：当然是有先有后、有进有出的。相加起来，是三千这样一个约数。我从三十岁开始招徒，到七十三岁寿终，至少有四十年的教龄。在此期间，学生进进出出很多。因为在我这里不只是学知识，主要的是学做人，因此从学的年限就有长有短。在我这里学习的周期有多长呢？我自己也说不清楚。我说过："三年学，不至于谷，不易得也。"(《论语·泰伯》)意思是说，在我这里学了三年，还没有去做官的打算的，是很难得的了。这样看来，三千弟子中的大部分人是三年不到，或三年多一点就从我这里走了，有的去当官了，有的去经商了，当然也有回去务农的。当了官或干一段时间别的什么事后再回来学的，似乎也有。

万世师表图（清代石刻拓本）

图中孔子捧圭端坐居首位，东西两侧为四配之像，全图共画诸贤七十二人，像前各设一牌位。

79

"三年学"可能是一种大势。在当时的经济条件下，能抽出三年时间专门进行"充电"，是很了不起的事了。但您似乎没有讲到另外一种情况：有一些学生跟了您一生，比如颜渊、子路。这种学生占的比例有多大？

孔子：是的。我说"三年学"的是大势，是大多数人，而一直肯跟着我学做人，学为社会做好事的人，就只有那么几十人。"贤者七二"，大约最多也就是这个数，不到总数的百分之五。说某某是贤者，是与这些人的终身学习精神联系在一起的。

清代碑亭

万世师表图（清代拓本）

牌位上孔子居中而坐，颜渊、子思、曾子、孟子四弟子分坐左右，东西两侧分刻十二先贤像。

史晨碑

东汉建宁二年（169年）刻立。碑之正面刻鲁相史晨请依社稷例祭祀孔庙的祭文。碑之背面记述史晨祭庙、修庙的经过。

您把学生分为先进期和后进期，其分界线切在哪里？从内心来说，您更喜欢哪一期学生？

圣时门龙陛

五圣图像（清代碑刻）

图中正尊坐像前，刻"至圣先师孔子之神位"。孔子像下刻有颜子、子思、曾子、孟子四弟子之神位。观其封号，可知此图像绘刻于清初。

孔子：也没有一条截然的分界线，后世对此的说法也很多。依我之见，可以把这条线划在我开始周游列国的鲁定公十三年（公元前497年），也就是我五十五岁那年。

我曾说过："如用之，则吾从先进。"（《论语·先进》）这里的"用之"，与"礼之用，和为贵"的"用"是一个意思。我的意思是：从社会实用价值角度考虑，我还是赞赏先进的那些学生。因为这些学生朴素、顶真，有上进精神。这正是后进者所缺乏的。

这里附带说一下颜渊。他是"先进"中的领军人物，也是我三千弟子中的领军人物。他出身贫寒，吃得起苦，"贫而乐"。说到好学，他是第一人；说到"仁而不佞"，他也是第一人。他一直站在仁者的舞台上，因此我特别喜欢他。

除了以入门先后为学生分类外，您似乎还有另外一些分类法，比如以学业成就分类就是一种最重要的分类法。

孔子：从学业看，我的学生可分为三大类：一是"十圣"，那是最优秀最出众的，学业上不只把我教的都消化了，还有自己的发明，还有自己的特长。"十圣"是处于品格和学业巅峰地位的人物，是孔学的希望，也是孔学的标志性人物。扩大一点，是"七十有二人"，有的书上说是"七十有七人"。这些人也很不错，"身通六艺"，基本上把我教的东西学通学懂了。可惜不管后世的学者如何地追寻，也凑不全那"七十有二人"来，有名有姓、有事有迹的，最多三四十人。最大层面的就是所谓的"弟子三千"了。他们中当然也参差不齐，有能通一经的，有的则只是"多识于鸟兽草木之名"而已。有的就学多年，有的只短短地学了几个月而已，相当于后来的"短训班"。好在那时又没什么学籍制度，来去自由，悉听尊便。

宋太祖像

宋代是官方尊孔的鼎盛期。开国皇帝宋太祖大用儒臣，教导武臣也要读经书，以致当时有"半部《论语》治天下"的说法。

先圣遗像（南宋）

北宋末孔端友随宋室南渡为纪念先祖而制，似吴道子绘孔子行教像，现存浙江衢州孔庙。

对于"十圣",有的说是您亲自圈定的,有的则说是学生们在编《论语》时讨论决定的。在我们后人看来,"十圣"的评定应该是您的主张。您说呢?

七十二贤之一:子夏

"卜商,字子夏,少孔子四十四岁。"(《史记·仲尼弟子列传》)孔子的晚年弟子,尤长文学,孔子去世后,居河西,为魏文侯师。在孔子弟子中,曾子、子夏是老师学说的主要传承者,是被孔子赞为"好学也已矣"的少数弟子之一。

孔子:说"十圣"是由我圈定的,基本符合事实,因为对"十圣"的说法和人选我是可以接受的。可分三点加以说明:其一,那种分类法我是同意的。十人分为四类:德行类、政事类、言语类和文学类,我最能认同的是把德行放在第一位。其二,"十圣"的人选我是同意的。十人中必须既有先进,又有后进,这样才全面,这一点是做到了。更为重要的是有了重点,十人中八人是先进者,而后进者仅二人,这也体现了"我从先进"的观念。其三,十人的排序也是恰当的。颜渊理所当然地应为首席,他的学问,他的品行,他的敬业精神,他的尊师崇道,都是榜样,将其列为首席,其意义是怎么说也不为过的。

孔子像

元代仿吴道子《孔子行教像》而作,立于广州越秀公园。

在这被称为"十圣"的人选中，有好几位是被您严厉批评过的，现在又上了"十圣"的名人榜，怎么回事啊？

孔子铜像（明嘉靖年间）
存河南新蔡孔庙大成殿。

孔子：这不奇怪。我批评某人，那是因为他确有缺点。批评不是要一棍子把他打死，而是要他改过自新。如真的改了，而且很出色，当然仍然可以上"十圣"光荣榜。

举个例子吧！宰我这个孩子是被我批评得最厉害的。这个人年岁不大，却是我的先进弟子。他一进孔门，就显得与众不同，聪明，善言，"利口辩辞"，还常会提出一些怪问题。老师说他，还强词夺理。但他聪明，善思索。我觉得这是好苗子，但要培植。一次，大白天的，宰我不见了，最后在宿舍中找到了他。他正在呼呼大睡呢！我抓住这件事大做文章，大大批评了他一顿，还说了这样的过头话："朽木不可雕也，粪土之墙不可圬也。"我这样说他，是要他不成为"朽木"，不成为"粪土之墙"。结果他的确变得很好，在周游列国时，还利用自己的"利口"，化解了不少矛盾呢！最后昂首进入"十圣"。

必须指出的是：我需要的不是不犯错误的完人，要的是知错必改的仁人。

三教图（明代丁云鹏纸本笔绘）
图中有孔子、释迦牟尼和老子三人。孔子戴冠穿袍，面对老子坐于席上。三教合一的人物画盛传于明代。

听说您去世以后，三千弟子马上分化成许许多多的学派。这不是很悲哀的事吗？

七十二贤之一：颛孙师

"颛孙师，陈人，字子张，少孔子四十八岁。"（《史记·仲尼弟子列传》）子张是孔子的晚年弟子，长于历史，他与孔子之间有一段著名的答问。"子张问：十世可知也？子曰：殷因于夏礼，所损益，可知也。周因于殷礼，所损益，可知也。其或继周者，虽百世，可知也。"（《论语·为政》）

孔子：这是我的身后事，照理不该我来说。不过，我可明言相告：我不会因此而悲哀。相反，这应该说是可喜的事、必然的事，甚至可以说是大有希望的事。

我去世后，儒学的分化有种种原因：一是各弟子修养不同，对我的学说的理解也会不同。同是一个"孝"字，颜渊、闵子骞视如性命，而在樊迟、宰我看来就没什么。二是各弟子性格不同，对我的学说的接受程度也会不同。"闵子侍侧，訚(yín)訚如也；子路，行行如也；冉有、子贡，侃侃如也。子乐。'若由也，不得其死然。'"（《论语·先进》）"訚訚如"，中正恭顺貌。"行行如"，刚强自信貌。"侃侃如"，和乐雄辩貌。这段话很重要，说我的一群学生伴随在我身边，闵子骞显得很恭顺；子路显得刚强亢直；而冉有、子贡滔滔雄辩，大谈己见。我看到了不但不生气，还会很高兴呢！三是先进与后进的差异。打个比方，先进相当于古典派，后进相当于现代派，他们同样学我的学说，观点不同那是肯定的。分化当然是件大好事，在争争闹闹之中，我的学说才会有大的发展。

《论语或问纂要》（二卷）书影

宋朱熹撰，南宋后期建阳书坊刻本，现存上海图书馆。

在您身后有一叫韩非的思想家，他在题为《显学》的名文中称"儒分为八"。怎会"儒分为八"？其八个领军人物，能否作一点简明的分解呢？

孔子： 韩非说的"儒分为八"中的八个学派的领军人物按我的理解是这样的："子张之儒"的领军人物，当然是我的门生子张了。子张在《论语》中凡十四处出现，在这部总共只有一万言多一点的经典性文献中，如此频频露脸的，不多见。

"子思之儒"是以我的弟子子思（亦是孙子）为首发展起来的一个学派。从"孟子受业于子思之门人"可见，这一学派后来是相当兴旺发达的。

"颜氏之儒"的脉络难以确定。孔门弟子中颜氏有八：颜无繇、颜回、颜辛、颜高、颜祖、颜之仆、颜哙、颜何。"颜氏之儒"中的"颜氏"当在这八人之中，但究竟是谁，实难确指。

"孟氏之儒"也难以确指。有人说"孟氏"即"孟轲"，这怕说不过去。孟、荀的"以学显于当世"，是我身后两百来年的事，与"儒分为八"的其他家派对应不起来。

"漆雕氏之儒"。《汉书·艺文志》说儒家有《漆雕子》十三篇，原注云："孔子弟子漆雕启后。"由此可见，这里的漆雕氏指漆雕启无疑。

"仲良氏之儒"。对仲良，学者多所考证，但无确论。

"孙氏之儒"。有人说"孙氏"即孙卿，但马上有人出来反对。陈奇猷在《韩非子新校注》中说："盖本篇为诋儒者，谅韩非不致诋毁其师。"在《汉书·艺文志》中有《公孙尼子》二十八篇，"孙氏"前实省一"公"字，"孙氏之儒"的创始人当是公孙尼子。

"乐正氏之儒"。据陈奇猷考证，乐正氏为曾子弟子乐正子春。子春以孝著称，且诚信，以诚信取信于齐，是当时的大儒。

七十二贤之一：曾参

"曾参，南武城人，字子舆，少孔子四十六岁。孔子以为能通孝道，故授之业。作《孝经》，死于鲁。"（《史记·仲尼弟子列传》）孟子认为"曾子、子思同道"，由是宋儒演绎出"曾思学派"的故事来，进一步形成了孔子、曾子、子思到孟子的所谓"道统"。

《韩非子》书影

一般认为，孔子后学的正宗该是颜回或颜回之后。可是出人所料的是，现在一些学者认为儒学正宗的是子张及子张的传人。这会不会让人"大跌眼镜"呢？

孔子秉圭立像（彩塑贴金）

孔子白发白眉，一副笑容，可敬可亲。现存于新加坡。

孔子： 看来，世间事很多都是不能预先设定的。事物有它自身的走向，一点都强求不得。子张其人，比我小四十八岁，是标准的"后进"学生。在我的门生中，他算是比较调皮的。他思想宏阔，善于思考，也善于发问，有时还会顶嘴，也不太看场合，常闹得我这个老夫子下不了台。但正因为点子多、头脑活，一旦有条件就在继承师说的基础上创办起自己的学派。他在"儒分为八"中竟名列第一，是值得深思的。

奎文阁

孔庙藏书楼，北宋始建。

说子张是孔子学派的正宗，是他自我吹嘘的，还是后人认定的？

孔林一角

孔子：应该是后人认定的吧。《论语》第十九篇名为《子张》篇，第一章就是子张的一段重要言论："子张曰：'士见危致命，见得思义，祭思敬，丧思哀，其可已矣！'"

这段话非同一般。它含义深刻，至少有四层意思：一是讲个人与国家的关系。"见危致命"，为了国家与民族的利益，就是危难，就是献出自己的生命，也在所不惜。二是讲个人的义与利的关系。"见得思义"，看到利益的时候，先要去想一想是否符合"义"的原则，如不符合，那个"利"就不能去得。三是讲今人与前人的关系。"祭思敬"，对自己的祖先要不时地祭祀，祭祀的时候不只是取一定的形式，而是要有充分的崇敬，因为前人为后人付出了很多，后人前进的基石是前人奠下的。四是落实到中国最重要的人际关系——家庭关系，而家庭关系又归结到亲子关系。父母去世，谓之"丧"，遇"丧"，当子女的应当尽其哀，这就是所谓"丧思哀"。

大成殿内景
　　内奉祀孔子，以颜回、曾参、子思、孟轲及闵损、朱熹等十二哲配祀。

大成殿内景

难道"见危致命,见得思义,祭思敬,丧思哀"这四句话、十四个字,就道尽了孔学或说是儒学的精义了么?

孔子:完全可以这么说。宋代儒学大师朱熹一眼看出了这段话的奥义所在。他加注道:"四者立身之大节,有不至,则余无足观。"这也是一票否决制,只要四者中一者"有不至"(即做不到),你这个人其他方面再怎样,也是"无足观"的人了。说得够干脆,也够透彻。

我在这里要强调的是,这四者又恰恰是我的全部学说的精义之所在。说我的学说的核心是仁,是礼,这四句话中都有了。"见危致命,见得思义",是仁;"祭思敬,丧思哀",是礼。子张把我的学说概括得那样得体,又那样明确。

都说我是"万世师表",其实,没有像子张那样的学子对我的学说的传承,哪有什么"万世师表"?我得感谢子张,感谢儒家的后学。

学琴师襄(选自明彩绘绢本《圣迹之图》)
孔子学琴于师襄子,弹了十日,师襄子说:"可换曲子了。"孔子说:"我还没有掌握此曲的技巧,没有领悟作者的志向,更没有探寻到作者的人品和胸怀呢!"又弹奏了多日,孔子说:"若非周文王,谁能作出此曲来呢?"师襄子即刻离席连拜两拜说:"师盖云文王操也。"(《史记·孔子世家》)意思是此曲正是《文王操》。

孔子彩塑

　　与后世的文人骚客不同，孔子是喜动不喜静的，认为"动"是士的本色。他有一句名言："士而怀居，不足以为士矣！"（《论语·宪问》）老是在居室里盘桓，是办不了大事的。他走遍了鲁国的山山水水，也走遍了当时的列国大地，以致被时人名为"东西南北人"。他最长的一次"周游列国"，一去就是十四年。他那样不辞辛劳地四处奔走，为了当官吗？为了讨一份俸禄吗？为了炫耀自己的身份吗？不是，都不是。他是为"追迹三代之礼"而进行文化寻根。

　　这是在孔子生命历程中最具价值的文化行为。这种文化行为的实施充满了艰难险阻。因此，我们完全可以称为一次空前的"文化苦旅"。

唐代有位玄宗皇帝，他的《经鲁祭孔子而叹之》一诗的开首两句便是"夫子何为者？栖栖一代中"。先生如果您能读到这首诗，会作何感想呢？

孔子：据说这是唐玄宗当太子时写的，其立意当然是在一个"叹"字上，而这个"叹"字怎么解读却大有学问。有人评述，唐玄宗的这首五言律诗，雄健有力，开盛唐一代先声。全诗八句，句句是"叹"，又句句是"颂"。"颂"什么呢？显然不是简单地颂我的不怕到处碰壁，而是颂我的那种文化精神。有人一定会说，那是您自己生发出来的，谁说唐玄宗是在"颂"您的文化精神呢？这得用事实说话。唐玄宗登基的第二年，马上追谥我为"文宣王"，这不是"颂"我的文化精神吗？

唐玄宗像

唐玄宗，名隆基，因谥号为"至道大圣大明孝皇帝"，故又称"唐明皇"。玄宗前期，大兴文治，社会安定，经济发展，他组织人力将藏书分为经、史、子、集四大类，并追谥孔子为"文宣王"，自此，孔子正式被封为王。到了宋代，宋真宗尊他为"至圣文宣王"，使儒学的地位大大提升。

孔子墓

孔子墓前的墓碑

棂星门

　　孔庙的第一道大门。

　　其实，早在唐玄宗发出"栖栖一代中"浩叹前一千余年，当先生还在世时，就有人对作为"栖栖者"的您提出疑问了，不过那不是"叹"，而是"难"——责难和问难。面对人们的种种不解，当时您究竟是怎么考虑的呢？

孔子： 在战火纷飞、人们的意趣普遍比较低沉的社会背景下，这样的责难和问难是在所难免的。最有典型意义的是答隐士微生亩问。《论语·宪问》有这样一段实录："微生亩谓孔子曰：'丘何为是栖栖者与？无乃为佞乎？'孔子曰：'非敢为佞也，疾固也。'"隐士只知道避世，只知道全身，他还以为我栖栖然走来走去，只是为了拿言辞去打动别人，即所谓的"佞"。事实上，我是另有所图的，那就是"疾固也"。"疾"，作痛恨解；"固"，通痼，就是社会的弊病。我东奔西走，完全是为根治社会痼疾而为之。这点，不只那些对社会不负责任的隐者理解不了，就是世俗之人也懂不得的。

五乘从游图（清代木刻）

　　孔子自陈返卫，车行至蒲遇到了公叔氏据蒲叛乱，蒲人扣留孔子及弟子。图中荒山秃岭，四野无人。孔子坐于车挡前，面无惧色，如作听天由命之状。弟子公良孺挺身而出，持长矛挥手警告：若敢动武，自食其果。蒲人见势凶猛，惧怕后退。此图反映孔子游历环境之险恶。

人们评述您的所谓"栖栖一代中"，是否单单指的是您长途跋涉十四载的周游列国？比如说，作为一个被称为"东南西北人"的不安分的人来说，在鲁国的国内游历算不算"栖栖"而行？

孔子：也算。其实，国内游我不只出入于公卿王室，更主要的是在社会中下层走动。这种走动意在了解文化。当时的情况是，宋、卫等国保留的主要是殷文化。鲁国保留的主要是周文化，由于周公被封在鲁的缘故，鲁国得享天子之礼乐，也就是所谓的"周礼尽在鲁矣"。《礼记·明堂位》："鲁，王礼也，天下传之久矣。"在礼崩乐坏之际，许多国家的有志之士都纷纷到鲁观礼。我是鲁国人，哪有不以鲁国为基地，尽力考察周文化之理？我的"入太庙，每事问"，就充分反映了我的求知精神。

道冠古今坊

与"道冠古今"对应的是"德侔天地"。赞颂孔子之道为古今第一，推崇孔子德行如同天地永久。此坊建于明代永乐十三年（1415年）。

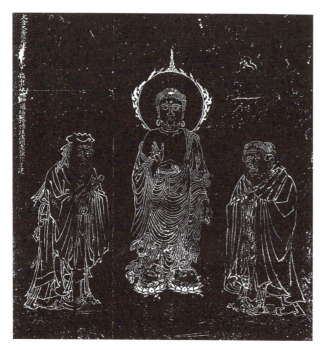

三教圣像图之孔子像（金代）

孔子立于释迦牟尼之左，长须飘前，双手相合，面对老子恭身如作揖状。老子披发免冠，大耳垂肩，双手抱拳，如同向孔子还礼。这是孔子当年往周都问礼于老子的写照。

至聖孔子

合格祈願
学問成就

陽廷堂

在当时条件下，您是不是把鲁国的大都小邑、乡村市镇全都跑遍了？

至圣孔子（日本木版绘马）

作为求神保佑，获得好结果、答谢神恩的还愿之物，祈愿之后挂于架上不焚化。图中孔子头扎一淡色软巾，身穿袍服，双手仰覆相握而立。

孔子：可以这样说吧！在当时，鲁国的城市大约分为三级。第一级当然是作为"国"的曲阜。第二级是卿大夫所居的大城市，称"都"，如季孙氏的费城、叔孙氏的郈（hòu）城、孟孙氏的成城。再小一点的称为"邑"。《论语》中有"千室之邑""百室之邑""十室之邑"的种种提法，可见这样的三级城市有大有小。

我是通过怎样的途径把这些"国""都""邑"跑遍的呢？我生在国都，对曲阜的了解是最便利的。至于对"都""邑"的了解，我主要通过两种途径：一是在当大司寇期间，我不是主持"堕三都"吗？我就把"三都"的情况摸了个透。还有，我大约一半的学生都来自鲁国，我在招收他们为徒的同时，也对当地的文化进行考察。比如我在了解子路的同时会了解下城，在了解曾参的同时会了解南武城，在了解子羽的同时会了解北武城。我有那么多弟子，还怕不能把"地方百里"的鲁国了解个透？

一见倾盖图（明代木刻）

出典于《孔子家语》。图绘孔子戴冠弁，穿袍服，拱手站立；程子绾发束巾，身穿大袖短袍，腰系帛带面向孔子，仿佛两人倾心交谈。孔子背后老者回首在望，似乎过路行人倾慕圣贤行"礼义"之道。

95

据说，除了在鲁国的大小城市中走动之外，先生您还常在乡鄙之地与最下层的民众接触，有这样的事吗？这样做，对您来说有什么价值呢？

孔子：是这样的。可以说，我在鲁国的乡鄙之地接触到了最底层的民众。我穿行于最基层的巷里，得出了"里仁为美"（《论语·里仁》）的结论。我到阙里去考察童子的状况，批评了那里的"欲速成者"（《论语·宪问》）。我"问人于他邦，再拜而送之"（《论语·乡党》），在故乡托人问候远方的朋友。我经常在乡下与鄙夫们随意交谈，"鄙夫问于我，空空如也"（《论语·子罕》），觉得还是那些"鄙夫"有学问。我与那些老农接触，直觉是"吾不如老农"（《论语·子路》）。许多自以为是研究我的学问家，读了《论语》无数遍，怎么就会疏漏了这些重要的记录呢？

我来到了"达巷"，来到了"互乡"，来到了"石门"，来到了"阙党"，这是一些令历史地理学家难以查考的小地方，我都去了。我与那里的各色人等交朋友，结识了隐士微生亩，结识了养龟者臧文仲，结识了主管市场的"执鞭之士"，结识了败军之将孟子反，接纳了蹲过大牢的公冶长等。我从这些人嘴里了解到了一部活的周文化史。说价值，这是莫大的文化价值，是通过单纯的读书收获不到的。

儒氏源流图（明代木刻）

图中孔子戴冠弁，穿大袖袍服，腰系绦带，两手相握，端坐在神椅上。座前有颜回、曾子、子思、孟子四弟子发皆簪冠，拱手侍立左右。上方刻"儒氏源流"，意尊孔子为儒氏之祖。

在陈绝粮（选自明彩绘绢本《圣迹之图》）

楚国派人来聘请，孔子答应前去。陈国和蔡国的大夫商议道："孔子若被楚重用，陈国和蔡国将有灭亡的危险。"因此联合派兵围住孔子。被围的孔子师徒吃完了粮食，弟子们病倒了，孔子却一直在弹琴唱歌，不为所动。后来子贡请楚昭王派兵接应，孔子及弟子才免除厄运。事见《史记·孔子世家》。

明代绢本笔绘孔子像

图中孔子双目传神，刻画出孔子退朝而处的形象。

子西沮封图（明代木刻）

楚昭王欲以书社之地封给孔子，又被令尹子西所阻。图中楚昭王双手扶桌，正在听尹子西的奏本。坐在双轮大棚车上的孔子，官运不通，面有难色，便叫弟子们收拾行李离开楚国，返回卫国。

先生对鲁国和周文化了解得那么透彻了，为何还想到国外去走走呢？

孔子：这与我的志向有关。长居鲁国，是难以真正了解周文化的。就是想了解周文化，不搞清楚它的来龙去脉，不弄懂它与夏文化、殷商文化之间的关系，也是不行的。而要了解夏文化、殷商文化，就得到齐国、陈国、蔡国、宋国、卫国等地去实地考察。我要出去走一走，是早存此心的。要"追迹三代之礼"，就要解决"文献不足"这个大问题。要解决这个问题，除了实地考察之外，没有其他任何办法。我认定"周监于二代"（《论语·八佾》）这一基本的史实。周代积累了夏、商二代的经验教训，到夏、商故地去看一看，大有必要。

到国外去考察三代文化, 是不是就是指您五十五岁那年开始的 "周游列国" 之行?

孔子见老子图 (汉代画像石拓本)
山东嘉祥出土。

孔子: 那是主要的。但绝不是只指那一次。我的出国之行共有三次。

第一次上面提到过, 就是三十多岁时与南宫敬叔一起去周拜访老聃。这次远行实际上被后世简单化了。这是一次比之后任何一次周游路途更长、更困难的长途跋涉, 可能真正算得上是千里之行了。这里至少有这样两个问题: 我此行为何要与南宫敬叔同行? 我与南宫走那么远, 主要是拜访老聃呢? 还是到周地访古? 第一个问题容易解答, 与南宫同行, 主要是解决出行的经费问题。南宫出身于季氏, 家中富足, 而我当时却相对贫困。难以回答的是第二个问题: 这次远行的主要目的何在? 现有的资料, 尤其《史记》的详尽记述给人的印象似乎是专程访老聃。《史记·老子传》写道: "孔子适周, 将问礼于老子。" 从语气看, "适周" 与 "问礼" 并不是一回事。从后来我对弟子说的 "郁郁乎文哉, 吾从周", 和我将重建一个 "东周" (东方的周国) 等语看, 我这次出游, 主要还在于 "观周", "问礼" 只能算是第二目的。不在那段时间里仔细观周, 我怎么会知道 "郁郁乎文哉"? 这完全是通过目睹得出的结论。

问礼老聃 (选自明彩绘绢本《圣迹之图》)
　　孔子于鲁昭公二十四年 (公元前518年) 带弟子南宫敬叔、子路等由曲阜出发到洛邑, 不远千里多次向周朝柱下史老聃学习周礼。《史记·孔子世家》《庄子·天运》等有载此事。

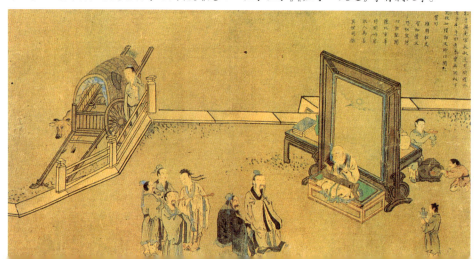

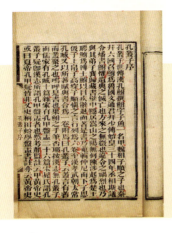

据说您第二次"境外游"选择的目的地是鲁国的东邻齐国。我们想问：作此选择，是有意为之，还是出于无奈？与当时鲁国的国情及各诸侯国的情形有关联吗？

《孔丛子》书影

《孔丛子》是一部近乎"孔家杂记"的书，主要记述从战国初期到东汉中期十几位孔子后代子孙的言语行事。对于了解汉以前孔子世家的发展、演变以及一些著名人物的嘉言懿行、家学传授等等，有着重要的文献价值。

孔子： 齐国一直是我向往的文化圣地。齐是周初大功臣吕尚的封地，又是齐桓公"九合诸侯、一匡天下"的壮丽舞台。那里有完整的周文化，有我崇敬的先贤管仲，有我的好朋友晏婴，到齐国去，我是向往已久的。而我三十五岁那年到齐国去，又可说是事出无奈的。鲁国的三桓势力膨胀，联合起来把鲁昭公赶了出去。鲁昭公只得到齐国去避难。鲁国很不太平，又很不安全，我也只得避居齐国了。有人以为我是与鲁昭公一起去的齐国，其实不是。《史记》是这样记载的："昭公师败，奔于齐。其后顷之，鲁乱，孔子适齐。"昭公走在先，我去在后；昭公是匆匆忙忙地"奔齐"，而我是不急不忙地"适齐"，完全是两码事。

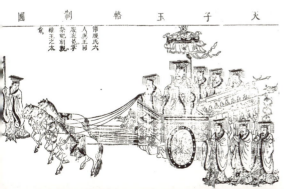

乘辂图（选自蒙古刻本《孔氏祖庭广记》）

上图中之辂车，雕饰华丽，孔子坐于车厢中，双手捧圭，后有曲柄伞盖遮阳，众弟子拱手步行。下图为《天子玉辂制图》，两相对比，略可见孔子在后人心目中地位之变化。

您在齐国住的时间成为后世学者关注的重点，因为从居住时间的长短可以看出它的某种价值。现在看法很不一致，有的说您只住了一年，有的说您住了六七年，事实怎样呢？看来只有让您自己来回答了。

孔子授课图（明代木刻）

选自《重刊绘图三教搜神大全》，有传刻于明正统九年（1444年）。

孔子：说法有多种。有的依鲁昭公在齐居七年这一史实，推定我在齐国也居住了六七年时间。有的以我于鲁昭公二十五年（公元前517年）适齐，二十七年又出现在鲁国为据，认为我在齐国可能只住了一年，或最多两三年。我以为这些都只是推断。我集中居住在齐国确实只有两三年的时间，但在那六七年间，我是频频来往于齐鲁之间，而基本的住处则是在齐国。道理很简单，那段时间鲁国太不适宜居住，而我在齐国却有事要干，要不然，齐景公怎么可能还想给我封地呢？

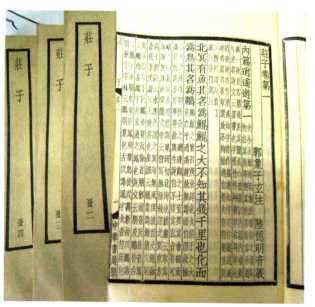

庄子像及《庄子》书影

庄子在《庄子》一书中大量引述孔子的话。这是因为孔子名气大，谓"他人誉之，信者多矣"。有学者认为，在《庄子》一书中，孔子成了庄子的"形象代言人"。

1954 年发掘的临淄河崖头齐
国故城五号墓殉马坑

您说您在齐国有事要干，这我们相信。但现今大部分学者大大强化了您与齐景公交往一事，好像您到齐国就是为了做官似的。对此，您有何评价？

孔子：这种说法显然是不符合实际的。我到齐国只见了齐景公一两次面，说了点"君君臣臣"之类的话，他也说了要给我多少多少待遇之类的话，没有实质性的活动。我对齐景公其人素来没什么好印象。一是他说话随意，答应别人的可以随意推翻。更主要的是搜刮民脂民膏，"家有马千驷"，"民无德而称焉"（《论语·季氏》）。齐景公私家占有的马就有好几千匹，可还不满足，老百姓称他是无德之君。对这样的国君，我早就估计他不会有好结果，怎么可能与他搅在一起呢？

西河返驾（选自明彩绘绢本《圣迹之图》）

孔子由卫国去晋国，在黄河边听说窦鸣犊、舜华死了，旋即叹息道：美啊，浩荡的河水，我不能过河去晋国。是命啊！窦鸣犊、舜华是晋国贤良的大夫，赵简子未得志时牢牢依靠这两人，一旦掌握实权后就把他们杀了。鸟兽还知道避开不义的行为，何况人呢？于是孔子一行就返回卫国了。事见《史记·孔子世家》。

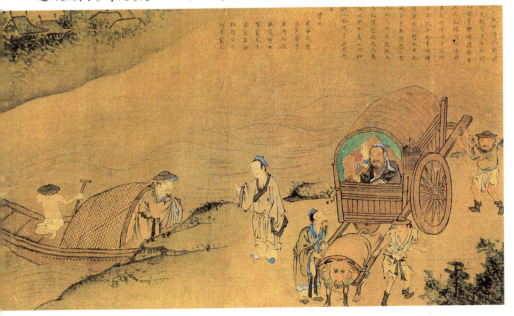

101

一定意义上说，齐国是鲁国的"敌国"。您考察了齐国后，总体观感如何呢？是否感到齐国没有多大希望？

孔子：恰恰相反。在诸侯国中，我觉得齐国是最有希望的国家之一。我是从文化底蕴角度来考量的。我说过："齐一变，至于鲁；鲁一变，至于道。"（《论语·雍也》）我的寻"道"之旅怎么也绕不过齐国。我说的创立"东周"，实际上就是想在东方的齐国再造一个"郁郁乎文哉"的理想中的周王朝，而不是历史学家通常说的东周、西周的那个"东周"。

民间刻印的孔子图像（清代）

以祭毕焚化的纸马较多，版面线纹虽有不清，但不影响人们对孔子的敬重。

灵公问阵（选自明彩绘绢本《圣迹之图》）

鲁哀公二年(公元前493年)，孔子自陈国返回卫国，卫灵公向孔子询问军阵。孔子答：我没有学过军事。次日，卫灵公又问政孔子，其间不时抬头看天上的飞雁。孔子见卫灵公"心不在焉"，知道卫灵公心思不在自己身上，便离开卫国回到陈国。事见《史记·孔子世家》《论语·卫灵公》。

您说齐国如果从文化底蕴角度审视，它是最有希望的。那么请您说说，它的希望究竟在哪里呢？

职司乘田（选自明彩绘绢本《圣迹之图》）

鲁昭公十一年（公元前531年），孔子改任季孙氏管理牛羊的乘田吏。"为司职吏而畜蕃息"（《史记·孔子世家》），所管牛羊膘肥体壮，六畜兴旺。

孔子：齐国有一个好的文化传统。我不止一次地说到齐桓公，说到管仲，这两人是极具文化精神的人物。在我看来，齐桓公比并世的晋文公更了不起，"晋文公谲而不正，齐桓公正而不谲。"（《论语·宪问》）一个靠谲诈和不正派起家，一个靠正派和不谲诈立业，这样，他们创业的根基就不同。尽管社会上对管仲有种种说法，但我对他的评价比齐桓公还高。"管仲相桓公，霸诸侯，一匡天下，民到于今受其赐。微管仲，吾其被发左衽矣！"（《论语·宪问》）"被发左衽"，说的还是一种文化。

这种传统是否丧失殆尽呢？没有。"崔子弑齐君，陈文子有马十乘，弃而违之，至于他邦。"（《论语·公冶长》）有"马十乘"的人，家产不算少了，可他宁不要家产，而要正道，这是一种怎样的精神力量啊！还有那个齐相晏婴，我一直以为他是个极了不起的人物，十分敬重他。

齐国古城排水工程

说到晏婴，有的史书上说由于您到齐国去，他在齐景公面前说了您的坏话，因此你们两人之间产生了隔阂。是不是这样？

孔子：我与晏婴可算是老朋友了。我们相知甚深。年岁上他要比我大一点，可算是我的学长。他是齐国土生土长的老资格的政治家。他为人真诚，生活朴素，有很强的治国安民能力。我与他有多次的接触机会，相处也一直很好。《晏子春秋·外篇第八》说我去齐国，不愿与之见面，那只是一种传闻罢了。传闻不足信。我去齐国后，晏子出于国家利益说了我一些坏话，那也没有什么。我以为一个正直的政治家、思想家，不以私情为转移，坦诚表达自己的观点，这是应该的，这更增加了我对他的崇敬。在离开齐国后，我对学生说："晏平仲（婴）善与人交，久而敬之。"（《论语·公冶长》）这是我深思熟虑后对他所下的结论。

孔子踞坐像（清代木刻）

画中孔子绾发簪冠，踞坐于一方形壶门雕花床上，长袍大袖，左手持一长柄如搔背之物，右手拇指与食指相错，似在捻物。

子西沮封（选自明彩绘绢本《圣迹之图》）

楚昭王打算把书社之地七百里封给孔子，楚令尹子西劝谏说："国君的使节有像子贡的吗？辅相有像颜回的吗？将帅有像子路的吗？官员有像宰我的吗？孔子得到封地以此为根据地，又有贤能的弟子辅佐，这可不是楚国的福分啊！"楚昭王就打消了封地给孔子的念头，于是孔子又从楚国返回卫国。事见《史记·孔子世家》。

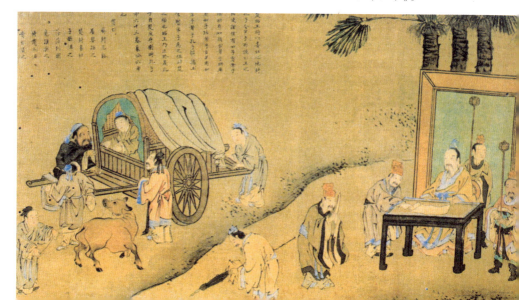

张猛龙碑

　　北魏正光三年(522年)刻立，记载鲁郡太守张猛龙兴学劝农的事迹。

在齐闻韶（选自明彩绘绢本《圣迹之图》）

　　孔子于公元前516年到齐国，向主管音乐的太师学习音乐。当他听了传说舜作的乐曲韶乐后，陶醉其中，竟然三月不知肉味。事见《史记·孔子世家》《论语·述而》。

　　在齐国，您结交了许多文化界人士，这是一大收益。更大的收益似乎在学得了久已向往的韶乐，并由此"三月不知肉味"。为何那么兴奋？

　　孔子：完全正确。韶乐相传就是舜乐，是夏、商、周三代文化的源头活水。舜的后代封于遂国，其国后被齐所灭，故齐得有韶乐的真传。还有一种说法，韶乐后来进入了周王朝的宫廷，成了宫廷音乐。周王室权威下降后，学术下移，乐官都散落到民间去了，"大师挚适齐"（《论语·微子》），这是一位宫廷中影响最大、造诣最高的乐师，他流落在齐国民间，这对我来说是多大的一种吸引力呀！我这次到齐国，最大的收获就是找到了已经失传多年的韶乐。"子在齐闻韶乐，三月不知肉味，曰：'不图为乐之至于斯也。'"（《论语·述而》）"与齐太师语乐，闻韶音，学之，三月不知肉味。"（《史记·孔子世家》）

　　我发现韶乐的过程应是这样的：先是我走向齐国的民间，在民间发现了韶乐的种种版本；再与齐太师一起研究、推敲，恢复了韶乐的庐山真面目。它是那样的美妙，让我兴奋得吃肉也不知其味如何了。

先生为时最长的一次境外游是五十五岁到六十九岁之间的一次长途跋涉，世称"周游列国"。对您的这次空前的远行，有人名之为"流亡出走"。您认为这种说法正确吗？

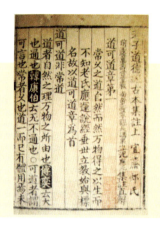

孔子：我前面早已说了，在我还没有远游之前，为了"追迹三代之礼"，我是读了不少典籍的，尤其是读了有着夏文化根基的杞国典籍和有着殷商文化根基的宋国典籍，结果都觉得"不足征"，令我叹息。但是，我绝没有失望，我继续求索着，希望有一个突破。五十一岁时，我突然"官运亨通"起来，由中都宰而司空，由司空而大司寇，而且真的干出了一番事业。当然，在我本人看来那并不足道，至多不过是重建周道的一个小有成就的尝试而已。我很想到外面去走一走，看一看。外面的世界一定更精彩。只要有机会，还是很想到列国去，亲自领略三代文化的精彩。

走出国门，追寻三代文化的遗踪，发掘三代文化的精华，一直是我的一个美丽的梦。

事有凑巧，两件事促成了我的"追迹"之旅。一是鲁国的复兴让齐国不放心了，于是决定用"归女乐"的阴谋手段来引诱支持我改革的季桓子，以使我与季氏之间出现裂痕。二是在春祭时，不给我这个大夫级人物送祭肉。我心中早有外出周游的心愿，加之有了上述两个由头，也就爽爽快快地驾着牛车，带领弟子离鲁出行了。

《老子道德经·道可道章第一》书影

匡人解围（选自明彩绘绢本《圣迹之图》）

图说孔子去卫过陈的匡地，鲁国阳虎曾施暴于匡地，因孔子相貌类似阳虎，匡人便将孔子和弟子围困了五天。弟子很惧恐，孔子说："天之未丧斯文也，匡人其如予何！"（《史记·孔子世家》）谓道德、文化都在我这里，匡人能把我怎样！匡人知道后，连忙解除围困说："我们误以为是阳虎啊！"

先生，十四年的列国之行是一个漫长的过程，加上记载不详，说法不一，您能否画出一个大概的出游路线图？

逢桓魋图（日本木刻版画）

图写桓魋拼力拔松树，以驱孔子及弟子，同明彩绘绢本《圣迹之图》的《宋人伐木》有所不同。文献有载：弟子在危急之时劝孔子走开，孔子说："天生德于予，桓魋其如予何！"此图把孔子的形态刻画得非常传神。

陈蔡绝粮图（日本阴刻拓本）

与明彩绘绢本《圣迹之图》的《在陈绝粮》大同小异。图说陈、蔡两国大夫们深感楚国重用孔子后，将会遭到国亡之险，于是派兵包围了孔子师徒，指望其断粮以致饿死。可孔子毫无惧怕，仍在讲学不息。

孔子：当然可以。这条线路大致是这样的：那年的春天，我带着学生，驾着牛车，从鲁国的国都曲阜出发，径直往西，来到了鲁的兄弟之邦卫国。在卫国住了一年不到一点的时间，就准备去陈国。途经匡地时，被匡人围困了五天，脱离后，经蒲，又返回到了卫国。在卫国住了一段时间后，就前往曹国小住，然后到了宋国。在宋国一棵大树下习礼时，又遇到了麻烦，宋国的司马桓魋想加害于我，在那里大打出手。离宋后，又来到了郑国。在东门外走散了，被人形容为"累累若丧家之犬"。到了陈国，那里的社会环境不错，一住就是三年。离开陈国时，又受到蒲人的拘留和作难，后来又回到了卫国。卫国小住后，又重游陈国，还到了蔡国，到了楚国的叶地。后来又在陈蔡边境"绝粮"。这一灾难过去后，一度到过楚国，最后回到卫国，取道卫国回到了自己的父母之邦。这十四年的行程都在鲁国的西边，因此又被人称为"孔子西行"。

前面说了，这次西行目的就是"追迹三代之礼"。那么，先生为何要把理想中的"追迹之旅"的第一站定在卫国呢？

碑亭

孔子： 在我看来，把卫国定为出游的第一站的理由是很充足的。首先，卫国是个足以"追迹三代之礼"的文明之所。这是殷商旧址的一部分。被周征服后，由于主政的周公采取原先殷民宗族不变的统治手法，这里有着比较浓郁的殷商的文明传统，同时又深深地烙上了周文化的印记，即所谓的"启以商政，疆以周索"。考察卫国的文化，可以把夏、商、周三代的文化串连起来。

其次，卫国比较繁荣，比较富足，比较容易对民众进行教育。"子适卫，冉有仆。子曰：'庶矣哉！'冉有曰：'既庶矣，又何加焉？'曰：'富之。'曰：'既富矣，又何加焉？'曰：'教之。'"（《论语·子路》）很明显，到卫国去是想对人口众多（庶）、经济繁荣（富）、文化发达（教）三者的关系作一番深入的考察，从而弄懂周代"郁郁乎文哉"的由来。这可说是卫国的一大优势。

再次，卫国有着诸多名贤硕儒、真士仁人，可以在"追迹"中与他们一起研讨治国兴邦之策。比如蘧（qú）伯玉其人，"外宽而内直，自娱于隐括之中，直己而不直人，汲汲于仁，以善存亡，盖蘧伯玉之行也"。他大约活到了百岁，思想、言行影响了几代人。我恭之如严师，而蘧伯玉待我似友人，我们是亦师亦友，我从他那里学到不少东西。在卫国，除了统治阶层不怎么争气外，可以说贤人、圣者、君子遍地皆是。我说的"三人行，必有吾师"，说的就是卫国的情状。我在卫国交往的文化大家至少有十余人之多。

上述三条归纳起来，就可以得出这样的结论：卫国是我"追迹三代之礼"的最佳突破口和切入点。这次巡游，一共是十四年，其中五十五岁到六十岁这最美好的五年多，基本上是在卫国度过的。我的卫国情结，实在是太深了。

临河伤类（明代木刻）

刻画孔子在卫国得不到重用，欲西渡黄河去晋国，在对话中得知赵简子滥杀功臣而作罢。孔子一副愁容，刻画传神。

在卫国，先生是见了卫灵公的夫人南子的。有人以为，您见南子，目的是通过这样一个特殊的女性结交卫灵公，以成就自己的事业。是不是这样？

丑次同车

卫灵公与夫人同乘马车在前，让孔子乘小车随其后。

丑次同车（选自明彩绘绢本《圣迹之图》）

孔子自蒲地返回卫国后，住在大夫蘧伯玉家。一天，卫灵公出游，他与夫人同乘前面的车，让孔子乘后面的车。孔子恼火地说："吾未见好德如好色者也。"即是说，我从来没有见过喜好美德像喜好美色一样的人。于是便离开了卫国。事见《史记·孔子世家》《论语·卫灵公》。

孔子：当然不是。事实上，根本就不存在这样的可能。

我是充分平民化的。我不想走上层路线，更不想搞什么夫人外交，而把注意力聚焦在民间。"礼失求诸野"，这个"野"字，不只指乡野，也不只指原先相对落后的蛮野之地，而主要指民众。我相信，真正的文化在民间。

我们一行来到卫国，起初根本就没有通知卫国的宫廷。后代学者钱穆在《孔子传》中说："孔子初至卫，似未即获见卫灵公。何时始获见，不可考。"初去时，没见卫灵公，那肯定是事实，但必须厘清的是，不是"未获见"，而是我孔丘根本不想见。我曾经在公开场合说："卫灵公之无道也。"把卫灵公定性为"无道之君"，这是对其最大的蔑视。既持有这样的观点，还会主动要求对方接见吗？还会有通过南子其人去结交卫灵公的可能吗？

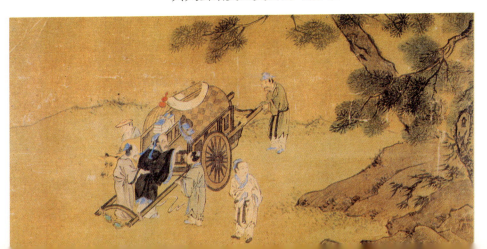

先生，您怎么看待被世人视为"美而淫"的南子其人？您是与这个女人有接触和交往的，她在您眼中是怎样一个女性呢？

孔子：说南子"美而淫"，实际上并没有点中她的要害。女人的美，不是她的罪过。在男性占主导地位的社会里，一味地批评女性的所谓"淫"，本身既不公平，又有失道德风范。南子的问题不在于此，而在于在卫国的权力角逐中，她采取了不正当的手段，使这个本来繁荣昌盛的国家大伤元气。她与卫灵公是站在一条阵线上的，表面上看是卫灵公站在第一线，实际上幕后操纵的却是这个南子。

南子先是离间灵公两个儿子之间的关系。一面拉小儿子子郢，一面打太子蒯聩。太子知道实情后，对南子十分不满，最后走到极端，"太子蒯聩与灵公夫人南子有恶，欲杀南子"（《史记·卫康叔世家》）。南子是何等样人，蒯聩的刺客根本不敢下手，结果刺客当场被抓，而太子蒯聩被逼外逃到宋国。

南子进而把卫君家属的关系进一步复杂化。先是唆使卫灵公传位给小儿子子郢。子郢是有头脑的，他知道这个宝座不好坐，坚决不干。后来她又离间蒯聩与他的儿子辄（灵公之孙）之间的关系，宁愿传位于辄，也不让蒯聩回国。

对于这样一个运用阴谋手段把卫国闹得鸡犬不宁的南子，我怎么可能垂青于她呢？

七十二贤之一：澹台灭明

"澹台灭明，武城人，字子羽，少孔子三十九岁。"（《史记·仲尼弟子列传》）孔子的后期学生，人长得矮小，其貌不扬。他曾要拜孔子为师，"孔子以为材薄"勉强收之，后来退学。之后他在武城宰子游那里办事，被赞为"行不由径"（意为人正直，行动正大光明）的君子。孔子听到后叹息："以貌取人，失之子羽。"

礼见南子图（清代木刻）

图中孔子入宫中拜见南子，南子立于撩挂绣帷中间，两旁有两宫女，各擎一障扇伺候。画面上孔子碍于情面，迫于无奈，身穿朝服，手举笏板躬身以礼相见。孔子可没对视，也许只听到南子身上的环珮之声。孔子见南子一事，让弟子子路非常不满。子路认为孔子作为圣人，怎能去见这样一个名声不好的女子呢？孔子回答说：如果我做错了什么事情，老天会惩罚我的！事见《论语·雍也》。

史书上的提法总是"子见南子"。这种提法给人的印象似乎是您主动要求见她的。事实是怎样的呢?

七十二贤之一：宓不齐

"宓不齐，字子贱，少孔子三十岁。"他被孔子视为鲁国君子类人物的典范。"孔子谓：子贱君子哉！鲁无君子，斯焉取斯？"(《史记·仲尼弟子列传》)其意是说：子贱可是个君子啊！如果鲁国没有君子，怎么会培养出子贱这样的人物来呢？

孔子：对于我与南子会见的一幕，《史记》写得很详尽，也很传神，不妨翻翻原著。这是一段有声有色、有情有景的描述，把我与南子相见时的情景写活了。这段文字明白无误地告诉人们一个基本事实：听到我在卫国，主动向我发出邀请的是南子。实际上，这种邀请不是一次，而是多次。我对南子其人的邀请是不感兴趣的，《史记》所载"吾乡(向)为弗见"，表明我一次又一次地婉言谢绝了南子的邀请。

最后，南子以"欲与寡君为兄弟者，必见寡小君"为由相邀。在当时，确有国君之妻会见贵宾的礼俗。"见之礼答焉"，也就是出于礼貌上的考虑，我才答应见次面。至于那次"招摇市过之"，完全是南子的一个圈套：为借名人的声誉以炫耀自己，出演了一出被我"丑之"的活剧。于是，我怒而离开了是非不断的卫国，也远离了这个专惹麻烦的南子。

丑次同车（日本木刻版画）

日本《孔子事迹图解》(1805年刊印)之一。同明代彩绘绢本《圣迹之图》有所不同。图中卫灵公和夫人坐于马车上，孔子却乘牛驾棚车，面色不悦，弟子似在牵牛往回走，不愿跟随卫灵公车骑。画面深含寓意。

一个被称为圣人的七尺男子，被邀去会见一个如花似玉的少夫人，这中间是否有"花边新闻"？

孔子：说实在的，"子见南子"之"见"，是很勉强的。"见"者，目睹也。我目睹了南子没有？没有！"夫人在绨帷中"，南子装斯文，假惺惺地躲在飘缈的"绨帷"后头，怎么"见"得了？再说，我也只是应付，哪里想"见"？至于"招摇市过之"那一幕，更是车隔着车，必是无所"见"的。可以这样说，我在卫期间，就根本没"见"过南子的容貌。她是花容玉貌，还是丑不堪言，对我来说始终是个谜。当然，南子的所作所为，南子的精神气质，我认定其为丑的，正像史书记载的那样，我"丑之"。

时过两千五百多年，有些文化工作者为了追求什么艺术效应，为南子翻案，说她是位"遗世独立，卓尔不群"的奇女子。这样的说法实在太离奇，离历史的原貌太远太远，按这样的观念炮制出来的艺术作品，恐怕读者与观者都是不会接受的。

七十二贤之一：子长

公冶长，字子长，齐国人。《论语·公冶长》："子谓公冶长：可妻也，虽在缧绁之中，非其罪也。"孔子认为，公冶长虽坐过牢，但实际上不是他的罪过，这个人的品质并不坏，于是把自己的女儿嫁给了他。

大成门

始建于宋朝，作为祭拜孔子的进入处。由于庙内火灾，大门被毁，后又重修，清朝雍正帝亲书"大成门"派人送至曲阜。

至圣庙

卫国之行,闹出了许多不愉快的事,师徒之间也为此生出矛盾来,您觉得此行值得吗?

七十二贤之一：高柴

"高柴,字子羔,少孔子三十岁。"(《史记·仲尼弟子列传》)子羔年少,没读多少书,年长的子路就让他去当费县管理军事的长官。孔子知道后很不高兴,说："贼夫人之子!"意思是说,你这样做,是害了子羔这个年轻人啊!子羔没听孔子的话,"孔子以为愚"。

孔子： 应该说这确是一次有价值的文化之旅。史有"卫多君子"之说(《史记·吴太伯世家》)。我利用蘧伯玉家,广泛接触卫国的君子,了解他们的思想、品性和生活习俗。我与卫邑的仪封人交谈,双方谈得很开心,临别时仪封人称我为警世的"木铎"。我与卫大夫祝鲩交谈后,盛赞了他的口才,对他的不足也作了评述。我甚至对卫公子荆的"善居室"(善于布置和美化居室)作出自己的判断,津津乐道,谈兴颇浓。我还向卫人公明贾打听卫大夫公叔文子的行状言谈,是否真如外界传闻说的那样"不言不笑不取",得到的回答也使我很满意。我对卫大夫史鱼作出了"邦有道,如矢;邦无道,如矢"的高度评价。我还从卫国的一些历史人物身上吸取了思想的养料。应该说卫大夫孔文子的"敏而好学,不耻下问"(《论语·公冶长》)的精神,对我的影响是难以估量的。我还利用这次卫国之旅,广泛接触了那里的农夫、渔民、樵者、隐士,对了解那里的民情风俗是有很大好处的。

寡过未能（清代木刻）

图写在厅堂内蘧伯玉使者单膝跪地,似乎在回答孔子的问话："夫子欲寡其过而未能也。"孔子似乎也在赞曰：贤者急于改过,少犯错误,如此日夜内省,真是贤大夫!

除了广泛接触各界人士外,听说演奏、研究古乐也是您在卫国的一项功课。有无此事?

孔子：有的。在鲁国演奏古乐和到卫国这样的有着浓郁商代古风的国度演奏,其气氛和情感是很不相同的。如击磬,就得在卫国这样的国家才找得到知音。"子击磬于卫。有荷蒉而过孔氏之门者,曰:'有心哉,击磬乎!'既而曰:'鄙哉,硁(kēng)硁乎! 莫己知也,斯己而已矣。深则厉,浅则揭。'子曰:'果哉! 末之难矣。'"(《论语·宪问》)这是我与一位樵夫一次遭遇的全场景描述。我独自在住处击磬,一位樵夫在门外静听后,作出中肯的评价,让我也感到是说到点子上了,十分叹服。这样的文化交流,是我在卫国的一大收获。

七十二贤之一：南宫适

南宫适,字子容。子容读书认真、品德高尚,受到孔子信任。据说他读《诗》中"白圭之玷,尚可磨也。斯言之玷,不可为也"时,反复深究,不肯轻易放过。孔子表彰他:"君子哉若人! 上德哉若人!"并把自己兄长的女儿嫁给了他。

适卫击磬（选自明彩绘绢本《圣迹之图》）

孔子经过蒲地来到卫国,与弟子们击磬。有个挑着草筐经过孔子住所的人批评孔子太坚持己见了(所谓"硁硁乎"),要他像涉深水和浅水那样随机应变。孔子反唇相讥,说像你这样决然弃世和不负责任的人,当然没有什么难处了。(事见《论语·宪问》)

在十四年的周游列国中,在宋的时间不长,史称"过宋",似乎是过境游。但在我们看来,那是"追迹三代之礼"必不可少的一站。是不是这样?

七十二贤之一:公西赤

"公西赤,字子华,少孔子四十二岁。"(《史记·仲尼弟子列传》)子华是个聪明人,学成后,在齐国当官。孔子说他:"赤之适齐也,乘肥马,衣轻裘。"(《论语·雍也》)可见其生活条件是很优越的。

孔子:宋对我来说有着双重的意义。宋的第一任君主是微子启,那该是我的远祖。就因为这样,对我来说宋的故国情缘是怎么也割不断的。同时,宋国的民众主要由商之遗民组成,考察商文化不能不考察宋文化。我到宋国时,当政的是宋景公,离鼎盛的宋襄公时代已八世。这时的宋国力不济,国势危殆,我一定要到那里去走一走,具有抢救遗产的意味。我一到那里,就在一棵大树下习礼。习的是什么礼?其实,习的就是殷商之礼。我想演练一下,让殷商的遗民来考察是否是正宗的殷商之礼。不料,竟遭到司马桓魋的粗暴干预,这是我原先没有想到的。

宋人伐木(选自明彩绘绢本《圣迹之图》)

孔子去曹国路经宋国,在大树底下给弟子讲课。宋国司马桓魋想加害孔子,令属下伐掉大树。弟子们劝孔子赶快离开,孔子说:"天生德于予,桓魋其如予何?"事见《史记·孔子世家》。

在《史记》和《孟子》中都说您是"微服而过宋"。"微服"指的是怎样一种服饰？在他处都不用"微服"，为何过宋时必须"微服"呢？

孔子：微服而行，在周游列国时大概只有这么一次。有学者对"微服"两字作了解说，"孔子亦自有戒心，不复衣冠习礼道途间，遂谓之微服也。"（钱穆：《孔子传》）对于司马桓魋之流，我早已宣布，我不怕他，"天生德于予，桓魋其如予何？"（《论语·述而》）防桓魋这样的人的暗算，不会使我怕得连常服都不敢穿。这里说的"微服"，是相对于"儒服"而言的。宋是殷的遗民，长期受周统治，民众小心翼翼，不敢多说什么。我为了更好地在宋民间考察，特别穿上便服到宋的民间去，那样我以为更能推心置腹地与人畅谈，从中获得真实的见闻。

周公像

周公，西周初期杰出的政治家、军事家和思想家，被尊为儒学奠基人，孔子一生最崇敬的古代圣人之一。

微服过宋图（明代木刻）

孔子去宋过郑，与弟子走失了，弟子们焦急万分，四处寻找老师。有人对子贡说：东门有一个人，其头额像尧，脖子像皋陶，肩像子产，肩以下不及禹三寸，累累然，若丧家之狗。子贡找到孔子后，便把郑人形容孔子相貌的话，原原本本地告诉了孔子。孔子听后说：说我像一丧家犬，很对，我到处碰壁。图为弟子问路打听孔子去向的情景。

在十四年的出游中，陈国是极重要的一站。据可靠的记述，您在陈国至少住了三年，而且其间"二至陈国"。您能说说在陈国住那么长时间的原因吗？

七十二贤之一：曾点

曾点，字子皙，孔子的早期弟子。据《孔子家语》说，他是曾参之父。在《论语·先进》中，有曾点与子路、冉有、公西华同时陪孔子侍坐的记载。当孔子问曾点有何志向时，他说，他愿意在大好的春光中，邀请五六好友去踏青，一起"咏而归"。对于这样的回答，孔子赞叹说："吾与点也！"意思是说，我同曾点一样，该休息时就得好好休息啊！

楛矢贯隼（选自明彩绘绢本《圣迹之图》）

孔子在陈国住在司城贞子家里。一年后，有只隼鸟飞到陈廷中死去，是被楛木为杆、石为镞的箭射中的。陈公问孔子，孔子说："隼来远矣，此肃慎之矢也。"（《史记·孔子世家》）谓这只隼从很远的地方飞来，箭是肃慎国的。周武王推翻商朝后把这种箭赐给陈国，现保存在你的国库里。陈公派人查找这种箭，在国库里"果得之"（《史记·孔子世家》）。

孔子： 陈国对我考察中华古文化来说意义重大。陈国的第一任君主是舜的后代胡公。在那里，有着中华文化的源头。但是，这是个偏小的国家，在无义战的春秋时代，国势一直岌岌可危。在我去陈前的一百年，陈国曾被楚国灭亡，后经其他国家的干预才复其国。我去陈之后十年，陈国又一次被楚国灭掉。我到那里去，刚好是在两度亡国之间。说是去抢救文化遗产，是一点也不过分的。我在陈国，没有住到国君那里，而是"主于司城贞子家"（《史记·孔子世家》）。司城是管理城务的一个小官员，据后世学者钱穆考证，"其谥贞子，则贤人也"。通过司城贞子这位陈国的大贤人，我可以学得舜帝时的许多古文化，还可以由他引见，与陈国的其他贤人接触和交流。

您在陈国住了那么长时间,为何史官没有什么直接的记述,您自己在陈国活动的状况也没有多少笔墨留存下来呢?

孔子:史书上有:"(陈)湣公六年,孔子适陈。""十三年,时孔子在陈。"(《史记·陈杞世家》)这些记载该是我两度到陈国考察的证据。当时的陈国处于十分危急的境地。一忽儿是吴王夫差伐陈,一会儿又是楚惠王来犯。这个古国衰落到这等田地,何忍下笔写什么?我也不想对弟子们说些什么,因此《论语》中也没有什么文字留下。至于旅居陈国留下的印记,在我日后整理的经典中是可以看到的。

七十二贤之一:司马耕

司马耕,字子牛,其人"多言而躁"。针对这样的个性,当他问"仁"时,孔子告诉他:"仁者其言也讱。"要他改掉啰哩啰嗦、乱说一气的坏脾气。司马耕是宋国颇有权势且作恶多端的司马桓魋的弟弟,因此作为大师兄的子夏教导他,要他树立"四海之内皆兄弟"的情怀(《论语·颜渊》)。

陈侯起陵阳台未竣,黑而死者数十人,又杀三监吏。将筑,孔子与门人观之。子贡曰:"昔周文王之治岐也,见老者而勿夺其时,故无陈侯与民如子。"孔子对曰:"昔周文王作灵台而民如子来,何遽兴作而罢兴作。遂释陈吏。"

陵阳罢役图(清代木刻)
陈侯筑陵阳台未竣工,逮三监工出城斩首。陈侯问孔子:"昔周作灵台亦戮人乎?"孔子告曰:周文王建筑宫室、灵台,也是与民同乐,文王视民如子,都来争做,怎么会杀人呢!由此,遂将问斩三吏释放。

这次周游除了上述数国外，您还到过蔡、曹、郑等国，都没有多少记录，是不是说明这些行程对您的出行来说无关紧要？

七十二贤之一：公伯僚

公伯僚，字子周。子周在季孙面前说子路的坏话，带有挑拨离间性质。孔子知道后说："道之将行，命也；道之将废，命也。公伯僚其如命何？"意思是说，子路是否能行道是命中注定的，公伯僚那样做是徒劳的。这也是孔子对他的批评。看来公伯僚是接受了批评的，不然入不了七十二贤。

孔子：也不是的。这些国家有个共同特征，都是三代的重要故地。蔡的第一任君主是周武王之弟叔度，人称蔡侯。曹国的第一任国君是周武王之弟叔振铎。郑国的第一任国君是周宣王之弟友，称郑武公。周平王东迁，郑武公起了很大的作用，既是诸侯，又是周王室的卿士。这三个国家的共同点是都留存有周文化的真谛。在那种动乱的时势下，很多文化心得我只能记在心里，难以诉诸笔端。

子路问津（选自明彩绘绢本《圣迹之图》）

鲁哀公四年（公元前491年），孔子自叶地返回蔡国，忘记渡口在哪了。子路去问耕田的长沮、桀溺，对方说："像你们这样到处游说，浪费工夫，倒不如种地吃饭哩！"子路没有打听到渡口反而受了一顿奚落。事见《史记·孔子世家》《论语·微子》。

我们在此大胆地问一句：能不能说这次西行是一次卓有成效的"文化苦旅"呢？

孔子：这的确是一次破天荒的文化苦旅。说是"苦旅"，是因为不只在生活上经受了许多苦难，在政治上也多有风险。厄于陈蔡，被人家当作"丧家之犬"，你说苦不苦？"在陈绝粮，从者病，莫能兴。子路愠见，曰：'君子亦有穷乎？'子曰：'君子固穷，小人穷，斯滥矣。'"（《论语·卫灵公》）这对我和我的弟子都是考验。"穷"，指的是泰山压顶式的困难。我的回答是：君子遇到那样大的困难，还是能坚守阵地的，只有小人才会乱来（所谓"滥"）。这是多好的现场教育啊！经受那么大的困难后，弟子们对我的学说有了更深层次的了解。

七十二贤之一：樊须

"樊须，字子迟，少孔子三十六岁。"（《史记·仲尼弟子列传》）"樊迟请学稼"，孔子不以为然，等樊迟一走就说："小人哉，樊须也。"樊须是个心直口快之人，孔子从内心里是喜欢他的。樊须曾问"何谓仁"，回答是"爱人"，问"何谓智"，回答是"知人"。

作歌丘陵图（明代木刻）

孔子六十八岁时自齐回到卫国，鲁哀公的宰相季康子以币迎孔子归鲁。孔子作《丘陵之歌》，说周游列国，诸侯不用仁道，路途艰辛，险些丧生。图中左边孔子坐于牛车中，颜回等四弟子驱牛随行；右边双马驾车，且有武士护卫，宦官捧着币帛躬行。牛马之间，持旌宦者面对孔子手指身后马车，似乎在说：季康子以币来迎，请弃牛车，登舆还鲁。

是不是可以把这次"文化苦旅"看成是成就您的事业的关键一着？如果没有这样一次十多年的西行访古，那您晚年的文化成就是很难想象的。能不能这样说？

七十二贤之一：有若

有若，字子有。他是个传奇式人物，少孔子四十三岁，是孔子的孙辈。他说的一句"礼之用，和为贵，先王之道，斯为美"深得孔子的赞许，也成了传世箴言。他的外貌与孔子十分相像，"孔子既没，弟子思慕，有若状似孔子，弟子相与共立为师，师之如夫子时也。"（《史记·仲尼弟子列传》）

孔子： 这次西行访古，对我终生成就的影响怎么估计也不为过。我说过："吾自卫反（返）鲁，然后乐正，雅、颂各得其所。"（《论语·子罕》）这里说的"自卫反鲁"是对西行十四年的终极评价。十四年西行之旅，最终使我懂得了怎样才算"乐正"，怎样对民众进行诗教，使"雅、颂各得其所"。在我的心目中，所谓"三代之礼"的"礼"，指的是一种总体的文明体制，具体包括三个方面："兴于诗，立于礼，成于乐。"（《论语·泰伯》）首先是要以诗教来激发人的热情，其次要建立礼治的秩序，最终通过音乐来移风易俗，建设美好和谐的理想社会。这些，都是我在十四年的西行访古中竭力"追迹"的，也是我取得的最大的文化成果。

可以说，我七十岁前后数年"删《诗》《书》"、"作《春秋》"的伟大文化成果，得益于之前十四年的"追迹三代之礼"。不明确这一点，就是没有真正弄懂我周游列国是怎么回事。

退修诗书图（清代木刻）

图说孔子端坐书案前，案上置文房四宝，孔子似修订诗书态，弟子们或是席地校书，或是翻阅古籍。刻画孔子鉴于鲁国政局不稳，出仕不利，认为退而治学修书更为有利。

作歌丘陵（局部）

第五章 学术钩玄

　　"述而不作"是孔子学术的总方针。与并世的老子、墨子诸大家不同，孔子没有留下任何以他名义发表的学术论著。他是个谦谦君子。在他看来，三代以来留存的学术经典，够子孙后代享用的了，只是辗转传抄，多所舛误；几经战事，卷帙散乱。他的收徒教学，他的周游列国，他的删《诗》《书》，修礼乐，都只是"述"，只是转述他人的学说，自己并没有什么创见。

　　孔子去世后，他的弟子和再传弟子辑录了孔子的言行，定名为《论语》。这是一部被人们公认的圣书。这部大书中透出的仁爱、孝悌、中庸、和平、修己等学术思想，历千百年的教化，渐次成为了中国人的精神支柱。

先生，您周游列国归鲁后，致力于采集、整理、加工传世的经典。您最早着手整理的是哪一部作品？

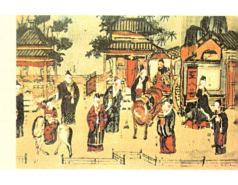

孔子：那是很明确的，最早整理加工的是《乐》。上面说到过，"吾自卫反（返）鲁，然后乐正"。"然后"的意思是马上、立即。返鲁后，我把整理《乐》书看成是头等大事。"乐者，天地之和也。""大乐与天地同和。"（《史记·乐书》）乐不只是让人快乐的事，更为重要的是它能使社会和谐。我把社会和谐看成头等大事。

圣人图（清代杨柳青彩邱印年画）

图中孔子坐在牛车上，有樊迟、颜渊、子路、子贡、子游、宰我、冉有、闵子骞、冉伯牛、子夏、仲弓等弟子随从，弟子们各司其职，反映了孔子周游列国、讲学论道的情景。

杏坛

相传孔子讲学的地方。宋天禧五年（1021年）筑坛植杏，金代建亭。今亭为明隆庆三年（1569年）扩建。

从一般意义上说，整理《乐》书就是把流传在民间的各种版本的《乐》书加以比较、研究，删繁就简，形成一种能为大家认可的本子，但您却郑重其事地称为"乐正"，这"正"字该作何解？

叶适像

宋代大思想家叶适针对当时一些人故意抬高孟子打压孔子的现象，批评道："以孟轲能嗣孔子，未为过也。舍孔子而宗孟子，则于本统离矣！"

荣启奇问曰答孔子（唐代铜镜拓本）

画面一人身缠皮裘，握琴而舞。一老者拄杖，平举左手。故事出自《列子·天瑞》。孔子游泰山遇见荣启奇鹿裘带索，鼓琴而歌。孔子问："先生何乐也？"启奇答："吾乐甚多，天生万物，唯人为贵。"此故事实借两人问答以达道家所谓人生"泊然虚无"之教义。

孔子：曾经有一件事对我刺激极大。当年齐国人怕鲁国太强大了，就用"归女乐"的办法来迷乱鲁君和当政的季氏，我规劝不了就愤而离鲁，以此为由头开始了我的周游列国之旅，这事记在《史记·乐书》中，称"自仲尼不能与齐优遂容于鲁"。我在游历中特别重视的就是传统乐曲的搜集和整理。我曾经说过《韶》"尽美矣，又尽善也"，《武》"尽美矣，未尽善也"。（《论语·八佾》）这是一种音乐的研究方法。通过对两种乐曲的比较，决定乐正的状态。我还在与鲁国的音乐大师一起研究时说："乐其可知也：始作，翕如也；从之，纯如也，皦如也，绎如也，以成。"（《论语·八佾》）这是讲音乐创作的规律：开始兴奋而热烈，继而和谐而纯净，再就是清晰、连贯，最后乐曲余音袅袅，回味无穷。经过多年比较、对照、研究，再加上亲自实践，到自卫归鲁后，达到了"乐正"的目的。"正"者，真也。"乐正"，就是通过努力获取古乐的真传。

在您身后两千年有个叫王夫之的大学问家，他将您与您的正宗传人孟轲先生作了比较，认为孟先生别的什么都不比您这位孔先生差，但就是不懂音乐，大讲理、气、心性，但少了点情感要素。这个评价中肯吗？

孔子：这位王夫之，是真正读懂了我的书，也读懂了孟轲的书的。我不讲孟轲什么，但他不太懂音乐是事实。对于一个大学问家来说，不懂音乐总是一个大的缺陷。孟轲极高明但不能中庸，因此常与别人闹翻。我则不同，表现出了一定程度的"高明"，同时又能中庸。音乐是讲五音调和的，调和就是中庸。

傅斯年像

为什么在数千年的历史长河里，儒家能独步天下？傅斯年得出的结论是："战国一切子家一律衰息之后，儒者独为正统，这全不是偶然，实是自然选择之结果。这叫儒家之独成'适者生存'，其中中庸之道不无小补。"

访乐苌弘图

孔子访乐苌弘既退典籍
刘文公曰孔子有圣人
之表音稱先生躬履謙
護洽聞彊記傅物不窮
抑聖人與刘子曰堯舜文
将安施弘曰堯舜文
之道或弛而墜孔子
昔吾其能正之惧朋
曰吾豈敢苌亦好禮乐
者出

访乐苌(cháng)弘图（清代木刻）

孔子与周大夫苌弘平坐于中，孔子和三名弟子或捧琴，或抱书。孔子访苌弘学音乐之事的目的，在于用礼乐以正道德衰败的社会。

做了《乐》的整理工作后，紧接着就是整理《诗经》了。您那样重视《诗经》的整理，是与您所从事的教育工作密不可分的吧？

韩愈像

韩愈作《原道》提出道统论，认为中华自古及今的道统是这样的：尧—舜—禹—汤—文—武—周公—孔—孟。把孔子列于道统的承上启下的极为关键的位置，韩愈当是第一人。

孔子：是的。在《论语》一书中，我应用《诗经》对学生进行教育，多达十八处，《诗经》居于我所引证的各种文献之首。一次，我在庭院里遇到儿子孔鲤，我问他："学《诗》乎？"儿子回答："未也。"我对他说："不学《诗》，无以言。"(《论语·季氏》)"无以言"，有人直白地释为"不会讲话了"。这点上，朱熹是解释得对的。古时，人与人交谈，甚至卿大夫出使，讲求微言相感。话不多，但要简洁、明了、含蓄，富于诗意和哲理。要达到这种境界，就非得学《诗》不可。

又有一次，我与儿子又谈起了《诗经》，这在《论语·阳货》中记录了下来："子谓伯鱼：'女为《周南》《召南》乎？'人而不为《周南》《召南》，其犹正墙面而立也与！'"《周南》《召南》是《诗经》中的两首，讲的是修身、齐家、优化天下之理，被称为"正始之道，王化之基"。在我看来，学《诗》，还与立身处世紧相关联呢！我重视《诗经》的整理，道理也就在于此。

阙里坊

孔子故里"阙里"的标志，始建年代不详，明弘治十七年（1504年）已有重修的记载。

史称先生整理《诗经》，主要是删繁就简。真的如此简单吗？

孔子：并非如此。我整理《诗经》，主要做了两件事，一是删繁，二是分类。

所谓的"删《诗》《书》"，就是删繁就简。古代传下来的诗有三千余篇，我十取其一，只留存了三百零五篇，世称"诗三百"。这些诗上采殷始祖契、周始祖后稷的故事，中述殷周的兴盛，下至幽王、厉王时的周之衰亡。

分类，大类是风、雅、颂。《风》是十五国风，有一百六十篇。《雅》分为大雅和小雅，为贵族与文人所作，一百零五篇。《颂》分为周颂、鲁颂、商颂，是王室宴会、祭祀的乐歌，共四十篇。这三大类中，《风》很容易区分，而《雅》《颂》容易混同，最后编定时我把它们区分清楚了，这就是所谓的"雅、颂各得其所"。

章学诚像

清代《文史通义》的作者章学诚主张，学孔就要发扬孔子"我欲托之空言，不如见诸行事之深切著明也"的实学精神。他说："圣如孔子，言为天铎，犹且不以空言制胜，况他人乎？故善言天人性命，未有不切于人事者。"（选自《文史通义》内篇五《浙东学术》篇）

先师手植桧处

中国是文明礼仪之邦。众所周知，您在整理《礼》上是花了很大工夫的。请问：您整理《礼》书的原则是什么？

梁启超像

康有为的学生梁启超，进一步把孔子思想近代化。他要求"中国可爱的青年"用"孔、老、墨三位大圣去超拔大海对岸好几万万愁着科学破产的欧罗巴人"。他还说："当代的许多新思潮（主义），原是我国有的。""孔子讲的均无贫无寡，孟子讲的恒产恒心，就是这种主义最精要的论据。"

孔子：我早年就以知礼闻名于乡里，最初招徒讲学的课目也主要是礼。在学习和寻访过程中，我发现现存的种种礼仪失之太繁，所谓"礼仪三百，威仪三千"，有那个必要吗？在礼上，我提出了"礼，与其奢也，宁俭"（《论语·八佾》）的原则。奢，就是繁琐；俭，就是简单。在整理《礼》的过程中，我还把礼之体和礼之用联系起来研究。只有实用的礼，才是有生命力的。礼之"体"（形式）要服从于礼之"用"，无用之礼应予取消。这也可以看作是我国古代文明礼仪建设的一项基本工程。

孔子问礼图（汉代碑刻）

山东嘉祥出土。孔子曾与弟子南宫敬叔、子路等往周问礼，拜会老子。故事刻在第二层。自左至右：老子拄弯曲手杖，前有一雁当空，下有一童推小轮车，手指孔子。孔子躬身捧一对雁，献给老子作为进见之礼。在孔子背后，颜回头顶的画面上有似腾飞之龙，寓意深刻，即谓孔子问礼后说："今见老子，其犹龙乎！"

五十岁以后，先生您似乎特别重视《易》的学习。能讲讲这方面的缘由吗？

孔子：学《易》不是件容易的事。年轻时我不敢学《易》。严格地说，不是不敢学，是学不懂。那样深奥的道理，没有一定的生活阅历是学不了的。关于我开始学《易》的时间段有种种说法，我认为还是以我说的话为准吧！五十学《易》，与"五十而知天命"是对应的。《易》是讲天命的，不到天命之年的人是懂不了的。因此，我五十而学《易》，顺理成章。

孔尚任像

孔子第六十四代孙，代表作为《桃花扇》。清康熙二十三年（1684年），康熙亲自到曲阜祭孔，并听孔尚任讲《易经》。

韩非像及《韩非子》书影

韩非作为法家学派，对孔子的思想并非一味地批判、排斥，他认为"世之显学，儒、墨也"，对于孔子思想的作了舍取。《韩非子》五十五篇当中记载有大量关于孔子言行思想的材料。

您花了极大的精力学《易》，一遍又一遍地读，这样读来读去，把串连竹简的牛皮带子也给磨断了三次，有"韦编三绝"之说。您反复研读的最大心得是什么？

陈澧雕像

《论语》把孔子对中华古籍"六经"的理解，通俗易懂地融汇在自己的言行中，因此读《论语》是读"六经"的捷径。清儒陈澧在《东塾读书记》中曾说："经学之要，皆在《论语》之中。"

鲁壁

明代为纪念孔鲋（fù）藏书专事而立。相传秦始皇焚书坑儒时，孔子九代孙孔鲋曾将《论语》《尚书》等儒家经典之籍藏于孔子故宅夹墙内，西汉时始被发现。

孔子：世传我"韦编三绝"，并非虚言。我从中得到的收获可大呢：第一，《易经》我不知读了多少遍，读啊读，我发觉《易》表面上讲的是天道，实际上昭示的还是人道，人的道德修养。《论语·子路》有这么几句话："'不恒其德，或承之羞。'子曰：'不占而已矣！'"所言"不恒其德，或承之羞"是《易》第三十二卦"恒卦"的爻辞，其意是：一个人若没一贯的操守，一定会遭到羞辱。所以我说：那就不要占筮了。我认为我是说到点子上了。真正懂得《易》理的人是不会去占筮的。后来荀子说的"善为易者不占"与我的意思是一致的。顾炎武夫子也有类似的话。第二，学《易》可以提升一个人的道德修养。我说的"加我数年，五十以学《易》，可以无大过矣。"（《论语·述而》）阐明的就是这样一个道理：通过学《易》明白事理，就可以少犯错误。

《易传·系辞传》认为,《周易》实际上是上古的伏羲、中古的周文王和下古的孔子的共作。先生您参与创作《易》了吗?

孔子：说《周易》源自上古,它是上万年来人们共同智慧的结晶,这我同意。说《周易》最终在我手中定稿,那是不符合实际的。《周易》包括经文和传文两大部分。对经文,我没法动它。对于传文,我可能下了些工夫,但后来留存下来的所谓"十翼",其中的许多篇章是成书在我身后的。我做的工作最多是两项：一是经文的整理,在卦文爻文的排列组合上作些处理；二是写过一点传文。即使这样,我已是战战兢兢了。后代发现的马王堆帛书《周易》中有我与子贡的问答,我说："后世之士疑丘者,或以《易》乎?"我对我的整理工作是否妥帖,心中还是没有底的。学问的东西来不得武断,说不准就是说不准。

阮元像

清代的阮元著有《论语论仁论》。他认为,"仁字不见于虞、夏《尚书》",而《论语》共四百八十二章,一万一千七百多字,其中五十八章论及仁,有仁字一百零五个,章数占八分之一,字数占一百十分之一。在阮元看来,孔子发明仁,大讲仁,是一个巨大的进步。

圣府门

大成殿内景

先生是一直主张"知其不可为而为之"的。可是,奇怪得很,您在教导弟子的时候也搬出了"无为而治"的法宝,这不是有点自相矛盾吗?

孟子像

引用《论语》内容最多、距离孔子最近的要推《孟子》了。顾炎武《日知录·卷七》:"《孟子》书引孔子之言凡二十有九,其载于《论语》者八。"

孔子: 这是我见过老子后说的话,也是我读《易》的心得。你们不是说我是"圣之时者"吗,我的学说也是与时俱进的。在我晚年,我懂得了"无为而治"实际上是治理国家与社会的最高境界。

《周易上经·乾传第一》拓片　　　　　　《老子》(帛书局部)书影

先生晚年"作《春秋》"是一件大事，可是在《论语》这样一本重量级的文献中却不置一词。那是什么道理？

孔子：《论语》是我的弟子或再传弟子编辑的，他们是怎么想的，我说不准。可能是因我一直坚持"述而不作"，但晚年又要着手"作《春秋》"，有些矛盾，弟子们不能理解，于是在他们编定的《论语》中不提这件事了！

大成殿内藻井

斗八藻井、金龙和玺彩画、匾额均为清朝历代皇帝颁赐。

《淮南鸿烈解》（又名《淮南子解》）书影

孔子是儒家的创始人。《淮南子》高诱注曰："儒，孔子道也。"《周礼》郑玄注曰："师儒，乡里教以道艺者。"大体上说，"儒"就是保存、传授古代礼仪规范、制度、典籍文化的教师。

文献中，有称"孔子作《春秋》"的，也有认为是"孔子成《春秋》"的。一个"作"字，一个"成"字，有何区别呢？

《春秋》书影

孔子：说"作春秋"，就要看对"作"字如何理解了。《春秋》是一部鲁国的编年史。当时的情况是"礼崩乐坏"，原先记述史事的史官也都流散四方了。我想写一部历史教科书，指出历史发展的大势，用以教育学生，教育后人，这与我一贯的"追迹三代之礼"是一致的。"追迹"，研究的是古代史，《春秋》写的是近现代史。当时鲁国的史料有一点，也有一些反映史实的论著，我也能读到一些，我就凭这些散乱的史料和史著编著了《春秋》。从这个意义上讲，说是"作"也可以，但更贴切点，是"编成"了一部《春秋》。在这点上，孟轲是有分寸的，他说"孔子成《春秋》"。"成"就是"完成"，我做的是后期工作，很多人做了前期工作，这样说较为客观公允。我不能贪天之功为己有。

孔庙内第一道石坊"太和元气"

建于明万历二十年（1592年），取"合会大利，利贞万物"之意，颂扬孔子的思想已经达到了至高无上的境界。

整理和编纂《春秋》本身是一件好事。您说："知我者，其惟《春秋》乎？罪我者，其惟《春秋》乎？"此话有什么含义？

孔子：我编《春秋》并不是什么纯客观的行为，我坚持的是"笔则笔，削则削"的编写原则。我要写出历史的正气、历史的真实走向，我要使"乱臣贼子惧"（《孟子·滕文公下》），因此，能体现历史正道的，我则"笔"之；不能体现历史正道的，我则"削"之。《春秋》上始于隐公元年（公元前722年），下讫于哀公十四年（公元前481年），以鲁国历史为主线，尊重周王室，追溯殷代旧制，上承三代法统，全书一万余言，其词微，其意宏。比如，吴、楚之君自称为"王"，而我在《春秋》中称之为"子"。践土之会，实际上是晋文公召周天子，我在《春秋》中则称为"天子狩于河阳"。这样写，有一部分人会拍手称快，而另外一部分人必定会又恨又惧，这就叫"知我""罪我"。

《论语集解义疏》书影

南北朝时梁人皇侃著的《论语集解义疏》是中国历史上最有影响的注本之一。他集合了当时最有代表性的十三家注，开创了既疏解正文，又疏解注文之风，内容丰富，援引详博，直到今天还是可资参考的《论语》读本。

西狩获麟（选自明彩绘绢本《圣迹之图》）

鲁哀公十四年（公元前481年），鲁人猎获麒麟。孔子认为，麒麟是仁义之兽，天下有道才会出现，天下无道麒麟一出现就被杀。于是当即停止了《春秋》的编修，并哭着说："吾道穷矣！"事见《史记·孔子世家》。

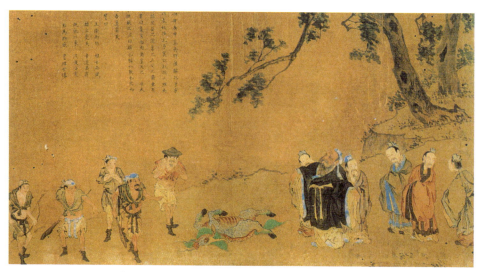

从《诗经》《易经》和《春秋》这样一些由您编撰和加工过的作品中，我们只能隐约窥见您的若干思想和观念。请问，要比较系统地读解您，该读哪本书？

赵普像

赵普是与赵匡胤一起定天下的名相。他是中国历史上最负盛名的书生宰相。每天公事毕，他就把书房门一关，手不释卷读起书来。夫人出于好奇，偷偷打开他的书箱，看他在读什么书，一看原来是一部读烂了的《论语》。夫人问他为何那样钟情于《论语》？他回答说："半部《论语》治天下。"

孔子：我想应该读一读《论语》一书。《论语》一书大部分是我与弟子或他人的谈话记录。这些谈话记录是朴素的、纪实的，当然也是比较真实的。从书中已有"孟敬子"这样的谥号可见，《论语》的编定至少在我殁后的四五十年，甚至可能晚至战国初年了。真是奇怪得很，《论语》一问世就产生了巨大影响，到西汉时就成为中国识字人的一部必读书，到北宋时名相赵普说的"半部《论语》治天下"更是深得人心。要了解我，就得读《论语》。

三圣图

中为孔子，弟子颜回、曾参侍立两侧，三人衣服上满书小楷，文为《论语》。经鉴定，此图系明代前期作品，现藏曲阜孔府。

孔子像（三圣图局部）

《论语》是一部记述您和您的弟子言行的书，可是，后世有人把它视为中国人治国安邦的"圣书"。您以为如何？

孔子：人家怎么看我，我不敢妄评。但是，我一再说了："若圣与仁，则吾岂敢？"我只是不厌其烦地学我所学、干我所干罢了，只是不知疲倦地教育帮助他人罢了。

被称为20世纪国学大师的钱穆说过："任何人，倘能每天抽出几分钟时间，不论枕上、厕上、舟车上，任何处，可拿出《论语》，读其一章或二章。……若使中国人，只要有读中学的程度，每人到六十岁，都读过《论语》四十遍到一百遍，那都成圣人之徒，那时的社会也会彻底变样子。"钱先生可算是我的异代知音，他懂得我的学说是讲给每个中国人听的。

胡适像

胡适曾自述对孔子的态度和认识。他说："人家说我打倒孔家店，是的；打倒孔家店并不是打倒孔子。孔子的学说，经过两千年，至少有一部分失去了时代性，还产生了许多误解。三十年前，我们的确领导批评孔子。我们批评孔子，是要去掉孔子一尊，使诸子百家平等。如果不打倒一尊的孔家店，没有法子使得思想解放、思想自由。但是我六十二年来，还是继续对孔子佩服，我觉得他这个人，是很了不得的。"（《台东县文化座谈会上答问》）

孔子讲学图（明代吴彬作）

后辈有的学者说您的学术思想"守旧",是旧制度的"卫道士"。又有一些人说您趋新,是趋新的先锋,所谓"圣之时哉"。如果要您作出选择,哪一种说法更符合实际?

朱熹像

宋代的朱熹一生致力于儒学的研究,博采诸家,写成了《论语精义》《论语集注》《孟子集注》《大学章句》《中庸章句》等宋学的权威性著作,以孔子学说的当然传人自居。他的学生黄干说:"由孔子而后,曾子、子思继其微,至孟子而始著;由孟子而后,周、程、张子继其绝,至先生而始著。"后人有人干脆说:"自秦汉而后,诸儒辈出。集诸儒之大成者,朱子也。朱子之学,即孔子之学。"

跪受赤虹(选自明彩绘绢本《圣迹之图》)

相传著作完成之时,孔子斋戒后向北斗祷告,忽见赤虹自天而降,变成刻有文字的黄玉,孔子跪着接受了。

孔子: 有人把我当作等级制度的"卫道士",就搬出我说过的"君君、臣臣、父父、子子"那几句话。其实,那是我针对齐国情况说的,并不能代表我整体的思想。有人说我"守旧",就说我要"克己复礼"。我想,我就是我。我的学说、学术是有一个客观的体系的,从根本上说,我是一个教育者,这一点钱穆先生也多处讲过了。我的学说、学术就是从教育出发的。

从总体而言,我的学说是趋新的。我的学说的总题目叫"成人"——研究人怎样才能成为人。有了这个总题目,才有学习说,才有仁爱说,才有孝悌说,才有礼仪说,才有信义说。这一系列学说都是讲文明进步的,怎能说是"守旧"呢?

那就请您分别简洁地谈谈您的学术思想吧。先谈"成人"这个总题目，如何？您所说的"成人"标准是什么？

康熙帝像

清康熙二十三年（1684年），康熙亲自到曲阜祭孔，听孔子六十四代孙孔尚任讲《易经》。最后，康熙特书"万世师表"四字，还命将其御用的曲柄黄盖留在孔庙中。孔子的地位提高到"万古帝王师"的地步。

孔子：如果带着偏见读《论语》，读千遍万遍，都不会注意到"成人"两字。宋代的大儒朱熹是注意到了的。他说，一部《论语》，千言万语，大要只在教人做人。朱熹算是把《论语》读到家了，他说的"教人做人"，就是我说的"成人"。

《论语·宪问》中有这样一段极重要的文字："子路问成人。子曰：'若臧武仲之知，公绰之不欲，卞庄子之勇，冉求之艺，文之以礼乐，亦可以为成人矣！'曰：'今之成人者何必然？见利思义，见危授命，久要不忘平生之言，亦可以为成人矣！'"

这里提出了最高的成人标准和一般的成人标准。

最高标准：德（不欲、礼乐）、智（知）、体（勇）、美（艺）。为了把这些标准具体化，每条里我都用了一个典型人物。

一般标准：正直（见利思义）、勇敢（见危授命）、诚信（久要不忘平生之言）。这是针对我那个时代的人见利忘义、见危退避和说话不算数的时弊而言的，后世之人可能感悟会更深些。

"礼门义路"匾额

"礼门义路"四字源自《孟子·万章下》。

我们一直有个搞不明白的问题:"成人"是人的发展过程呢,还是一种完满的人的固定形象?

雍正像

雍正帝同其先祖一样尊孔,行尊天祭祖祀孔之礼仪,认为孔子"为生民立命",主张三教并重,乃是因为它们的功能都在于"劝人为善"。

孔庙棂星门

孔庙设门名棂星,喻尊孔如同尊天。建于明代,原为木质,清乾隆十九年(1754年)七十一代孙衍圣公孔昭焕改为石质。"棂星门"三字,为乾隆帝所题。

孔子:两者都是。朱熹在《论语集解》中说:"成人,犹言全人、完人。"这是有道理的。但是,谁都不可能生来就是全人、完人,因此,"成人"应该是一个漫长的发展和修养过程。

世人有言,人无完人。但是,我本质上又是反世俗的。我就是要塑造完人,成为众人的典范。不然,还要我们这些教育家干什么?

先生强调"成人",成为怎样的人呢?您给出的结论是:有仁心,做仁人。有人说"仁"实际上是您的思想的核心,是吗?

乾隆像

清乾隆皇帝是中国历史上唯一一个八次亲自到曲阜祭孔的皇帝,最后一次已是八十高龄。每次去都要在孔子位前肃立良久,后行"三跪九叩"大礼。在祭孔的同时,又瞻周公庙,强化了周孔的道统。为了进一步强化对孔学的利用,乾隆皇帝打破了"汉满不通婚"的惯例,把自己的一个女儿嫁给了孔门后裔。

孔子:要评价一个人的思想究竟如何,离不开多视角的剖析。如果从精神实质角度讲,我所说的"仁"的确是与"爱""泛爱"紧密联系在一起的。在我那个时代,打出"爱人"的旗号的人多的是,但我的与众不同处却在于强调,"爱"不在于施舍,而是要通过教育使其得以自强。

我说的"爱",是"爱人"与"爱己"的统一。在《论语·雍也》篇中有一则我说的故事:有人告诉仁人,井里掉下一个人了。这个仁人就要不顾一切地下井吗?我的回答是注意分寸的,可以先去看看啊,一看我有没有本领去救他,二看是不是真有那么回事,三看是不是有人想欺骗和愚弄人。这里包含着爱人又爱己的思想。

我说过:"仁者,先难而后获,可谓仁矣。"(《论语·雍也》)过去一些学者把我提倡的"仁"释偏了,似乎仁人就什么都不要得到。我在这里明确说了,先艰苦奋斗,后得到收获,那对仁人来说是应该的。

圣时门

孟子说:"孔子,圣之时者也。"其意是,圣人之中孔子是最适合时代的。圣时门始建于明永乐十三年(1415年)。雍正帝于雍正八年(1730年)钦定孔庙正门名"圣时门"。

您主张"仁"，同时又说过"乡愿，德之贼也"之类的话。这里的"贼"，与后人说的"天下无贼"的"贼"是一个意思吗？

费尔巴哈像

19世纪德国著名哲学家费尔巴哈读了孔子的书后说："'己所不欲，勿施于人'这句话，是健全的、纯朴的、正直的道德体现。"

孔子：有些联系，但不能等同。"天下无贼"的"贼"是指一种有偷盗行为的人，而我说的"德之贼"意义要更广泛些。我主张"仁"，但反对当好好先生（乡愿），这些人往往是道德的败坏者，我把败坏道德的人亦称为"贼"。在我这里，"贼"还有坑害人的意思。子路把没有学成的未成年人拉去当官，我称为"贼人"，就是指坑害了这个未成年人。

泰山问政图（清代木刻）

孔子过泰山侧，有妇人掩面痛哭。子路问之，妇人说，以前公公死于虎，丈夫又被虎吃掉，今儿又死于虎口。画面无土坟，足见人已被虎衔走，无尸可埋。孔子便问为何不尽快离开此地，妇人答：这里无捐税等苛政，故不离此。孔子对弟子们说："苛政猛于虎也。"

在论述"仁""爱"时，您似乎特别重视家庭这个元素，认为做仁人，迈出的第一步就是孝，就是悌。是这样吗？

孔子： 这是十分明白清楚的。《论语》一书，首章是讲"学"，二章就是讲"孝悌"。

我强调的"孝"，与后来的中国社会中长期宣扬的愚孝完全是两码事。这里至少有两条不同：

其一，强调"色养为难"。"今之孝者，是谓能养。至于犬马，皆能有养，不敬，何以别乎?"(《论语·为政》)不只是让父母有吃有穿就可以了，更应敬重他们，在精神上予以关心。"子曰：色难。"(《论语·为政》)难就难在要给父母好脸色看，这是最不容易的。

其二，对父母的缺点，可以批评，但要注意态度。"子曰：事父母几谏，见志不从，又敬不违，劳而不怨。"(《论语·里仁》)父母做得不对，不只可以"谏"，而且可以"几谏"(多次批评)，但要注意委婉劝告，如不听从，也不要埋怨，予以宽恕。

罗伯斯庇尔像

孔子的思想也影响了法国大革命的代表人物罗伯斯庇尔。他在1793年起草的《人权与公民权宣言》中说："自由是属于所有的人做一切不损害他人权利的事的权利，其原则为自然，其规则为正义，其保障为法律，其道德界限则在下述格言之中：己所不欲，勿施于人。"

子羔仁恕图（清代木刻）

图中刖者守门，腋下挟一拐杖，面对执行刖刑的子羔指示逃出城外避难的豁口和城墙洞。子羔以君子不做逾墙钻洞的事，拱手不走，问：为何要使我逃脱此难？刖者说：使你悦而不愁。孔子在途中闻知受刑人不报复执法人后赞曰：好啊，此为仁恕之道。

先生说过"唯女子与小人为难养也，近之则不孙，远之则怨"之类的话，由此不少人都认为您是搞"大男子主义"的鼻祖，把女子与小人相比附，是可忍，孰不可忍。对此，先生有什么要解释的？

狄德罗像

18世纪60年代形成的百科全书派把启蒙运动推向高潮。这一派别的代表人物狄德罗就是个十足的孔子崇拜者。他专门介绍了孔子的五十三条"道德警句"，认为孔学关注人品和社风，强调以道德、理性治国。

孔子：这段话是争议最多的，我看了一下，大致有三种说法：

其一，大男子主义说。这些人直白地把这段话理解为：只有妇女与小人是最难以对付的，亲近了，他们会不谦逊，疏远了，他们又会埋怨。如那样解释，就不仅是大男子主义的问题了，简直是对女性的攻击了。

其二，女性和庶民维权说。这些人把这段话解释成：解决女性和庶民（小人）的民生问题是最难的（"难养"），要具体解决（"近之"）有很多难题，如果避而不谈（"远之"）那他们就会怨声载道。作者显然是站在维权的立场上说话的。

碑林

其三，保护妇女说。一些学者把"女子与小人"一语的"与"解释为"随从""亲近"，转义为嫁给。那全句就变成："如果一个年轻女子嫁给了无耻小人，那就难以生活了。亲近这种小人吧，那他就会更不规矩，疏远他吧，他就会怀恨在心。"

要听听我的意见吗？我可以告诉大家的是，除了第一种看法我不能苟同外，后面两种说法离我的本意都相去不远。一本《论语》一万多言，有哪一处是说女子坏话的？找不出。我的主张确实是维护女子权益的。

孔林翁仲

145

中华民族是礼仪之邦，不少学者认为"礼仪"之说源于先生。是这样吗？您有哪些高见？

孔子：我不是简单地把礼看成是一种仪式，一种循规蹈矩的模式。有关礼的话，我在这里只想多说几句：

第一，礼是一种节制机制。社会的节制机制有法制的，也有礼制的，但两者相较，还是礼制的比较好。礼不只使人懂得什么叫耻辱，还使人保持崇高的人格。

第二，礼的目的论。"礼之用，和为贵。先王之道斯为美。"（《论语·学而》）礼的实用价值只有一个，就是促进人际、社会的和谐。每个人都可以为社会和谐办些事，不管大事或小事。

至圣宗师图（清代彩印纸马）

孔子像前置香案、四部经书，子思、颜回、曾子、孟子捧圭侍立，体现了民间对儒家思想的尊崇。

各复尽哀图（明代木刻）

图说孔子高冢前，众弟子或仰天号哭，或相对而泣，个个伤心至极。远处有一苇席草庐，子贡伏于几前悲伤异常，守墓不去。外地的弟子携来各地树木植于四周，子贡种植的楷木在三垅前通道左边。画面充分体现了孔子之仁爱，弟子之贤良。

朱熹《论语集注》书影

信义并提，并大谈利义之道，这也是孔学理论的一大特色吧？

孔子："信"一般与"诚"连用，具有讲信用、有诚意的内涵。可是，我发觉，在我们那个时代，"信"更多地与"义"相关联。"义"就是正义。一个人的行为，算不算"勇"，要看它符合不符合"义"的原则。"见义不为，无勇也。"（《论语·为政》）同样，一个人讲不讲信用，也要看它符合不符合"义"。正因为如此，所以说："信近于义，言可复也。"（《论语·学而》）只有符合正义的那种信用，才可以为之履行诺言。这一观念，应该说在当时是很新颖的，也很有实用价值。

正像你说的，我还大谈利义之道。一般情况下，我很少讲"利"，"子罕言利"（《论语·子罕》）。因为"君子喻于义，小人喻于利"（《论语·里仁》）。生活在现实世界的人，谁都不能讳言利。问题是怎么看利，怎么讲利。我的原则是"见得思义"。这是我的一个十分成熟的思想。将要得到什么之时，就要想一想这所"得"是否符合"义"。合则取之，心安理得；不合则却之，因为那是非分之得，还是不拿为好。

在物欲横流的春秋乱世，我的这一理论具有相当的警世价值。

洙水桥全景

孔子讲学于洙泗之间，后人以"洙泗"作为儒家代称。洙水河道久湮，为纪念孔子，后人将鲁国的护城河指为洙水，并修了精致的坊和桥。

孔子行教像（清代纸本笔绘）

第六章

后世评说

　　孔子的身前身后，都是奇迹。

　　孔子身前，作为一个教育家、思想家，在中国数千年的文明发展史中，他的成就是无人比肩的。而在政治上，则屡屡失败，栖栖惶惶，宛如"丧家之犬"。

　　可是，孔子身后，一切都走向了反面。政治上一再被拔高，而在学术上又一再被改造、歪曲和利用。大荣大耀的背后，是大悲大哀。

　　直到20世纪晚期，恢复孔子原貌、公正评说这位贤圣才真正步入正轨，并奇迹般地孔子走向了世界。

先生与别人有很大的不同。别人生前评述者不多，死后才"盖棺论定"。而您不同，在您还在世的时候就有沸沸扬扬的种种评说了。那是为什么？

孔子：那可能是我"知其不可为而为之"的缘故吧！别人都不这样做，我偏要做，别人就会说三道四。在周游列国时，在官场，在民间，到处可听到批评意见。在我生命的最后两年，我病得不行，于是有个叫叔孙武叔的官员就在朝中散布"子贡贤于仲尼"的流言，被子贡驳斥后，就直接对我实施诋毁了。子贡坚决予以还击说："仲尼，日月也，无得而逾焉。人虽欲自绝，其何伤于日月乎？多见其不知量也！"（《论语·子张》）子贡的回击是相当有力的。他说，孔子是毁谤不了的。别的贤人，像小山坡，是可以跨越的；而孔子是太阳和月亮，是不能超越的。对孔子的毁谤，是自找绝路，对日月有什么损害呢？只不过表现了毁谤者的不自量力罢了。我虽然从来不把自己看得像太阳、月亮那样伟大，但子贡的驳词淋漓而有力，使人感到痛快，也让我感到欣慰。

全神孔子像局部（清代套色版印）

图中孔子居于释迦牟尼身旁。孔子身穿朝服，手捧镇圭。孔子头上有一项光，坐于神椅上，以示孔子"成神作圣"。老子披发，穿黄色八卦袍，盘膝而坐，为道教之主。

"生民未有"匾额

大成殿门口上方悬挂一大匾，上书"生民未有"四字，意为在人类中没有像他这样伟大的人。此匾为雍正帝亲书，派人从北京送至曲阜。

先生丧于哀公十六年（公元前479年）四月十一日，享年七十有三。您去世后，据说鲁哀公写了一篇声泪俱下的悼词。您怎样看待这一现象？

刘邦像

在坟下追杀项羽后，刘邦就被臣下推为皇帝。他采纳儒生叔孙通的意见，制定朝廷礼仪法度，使他第一次体察到"为皇帝之贵"。这使他对儒术有了好感。刘邦于汉高祖十二年（公元前195年）战胜异姓王英布，凯旋回朝，途经儒家发源地鲁地曲阜时，郑重其事地以祭天的最高大礼太牢（牛、猪、羊三牲）祭祀孔子，成为中国历史上第一个亲祭孔子的君主。他同时还封孔子第九代孙孔腾为"奉祀君"。刘邦开了官方尊孔、崇孔、祭孔的先例。

孔子： 其实，在我晚年，鲁统治者是把我晾在一边的。我死后，鲁哀公突然热心起来，写下了看似十分动情的悼词。鲁公的悼词可以说是半真半假。假如这种感情全是真的，为何在我生前不认真地听听我的开导呢？不过，从这篇悼词中也透出了一个信息，统治者从我的"下不犯上"等理论中触摸到了他们可以利用的东西。他们需要一个已经死去的、可以任凭他们"作注"的孔子。

当然，鲁哀公也为我做了件实事，就是将我生前居住的三间大房子改为孔庙。按周礼，我生前已下降为一介平民，平民是不能立庙的，但哀公作为国君既称我为"尼父"，那立我之庙也没人说什么了。

治任别归（选自明彩绘绢本《圣迹之图》）

孔子死后，葬在鲁城城北泗河边，弟子们都服丧三年才相互施礼而去，唯有子贡守墓六年后才离去。弟子和鲁国人在孔子墓旁筑室为家者有一百多户。事见《史记·孔子世家》《孟子·滕文公上》。

晚出于先生您近两百年的孟轲先生，对您和您的学说大力推介，影响是十分巨大的吧？

孔子：孟子自己说："予未得为孔子徒也，予私淑诸人也。"（《孟子·离娄下》）就是说，他是我的真心崇拜者。他实际上是做了两件事：一是改铸，二是推崇。他的改铸本领是很大的。我说"仁"，是讲人要有"仁心"，要做"仁人"。可是，他把这改铸成"仁政"，强调了"一天下""王天下"。当政的人们喜欢我的"仁学"学说，但更喜欢孟轲的"仁政"学说，因为那更接近当政者的利益。

孟子对我的推崇达到了他那个时代的非官方的最高程度。他说："自有生民以来，未有盛于孔子也。""以予观于夫子，贤于尧舜远矣。"（《孟子·公孙丑上》）"孔子之谓集大成。"（《孟子·万章下》）我一再说自己够不上圣者的资格，经孟轲一鼓吹，人们真的以为我是圣人了。他的种种说法虽然后来没有全盘为世人所接受，不能不承认，影响还是巨大的。

孟子像

公元前350年上下，即战国中叶，在邹地授徒讲学的孟子第一次高举起了孔学这面旗帜，这时离孔子去世已有120多年。他说："予未得为孔子徒也，予私淑诸人也。"还说："乃所愿，则学孔子也。"他把孔子抬到了极高的地位，说："自有生民以来，未有盛于孔子也。""孔子，圣之时者也，孔子之谓集大成。"

亚圣孟子像

"亚圣"孟子像

像子孟聖亞

功德莫大　不在禹下

浩然正氣　充塞天地

山東　鄒縣　人生　周烈王　四年　四二　日月

孟子称您为"圣之时者"，为此有人送给您一顶"时髦圣人"的帽子。您觉得这顶帽子适合您吗？

李大钊像

李大钊对孔子的批判是彻底的，也是理性的。他说："历代君主，莫不尊之祀之，奉为先师，崇为至圣。而孔子云者，遂非复个人之名称，而为保护君主政治之偶像矣！"又说："故余之掊击孔子，非掊击孔子之本身，乃掊击孔子为历代君主所雕塑之偶像的权威也。非掊击孔子，乃掊击专制政治之灵魂也。"（《自然的伦理观与孔子》）

孔子：把我说成是"时髦圣人"，多少有点儿搞笑的味道，但我认为意思大致上还是对的。我这个人，不守旧，勇于接受新事物，勇于改造旧社会，的确时尚得很。正由于此，后人常用吾言说事，如孟轲在《孟子》书中引用成话"凡二十有九"。为了不引起误会，还是把"时者"诠释成"与时俱进"为好。

《孟子或问纂要》（一卷）书影

宋朱熹撰，南宋后期建阳书坊刻本，现存上海图书馆。

《开成石经》之《论语·述而》《论语·先进》《论语·阳货》

有了孔庙，就有祭孔。民间祭孔，那是平常事，如若天子祭孔，就是大事了。您能说说这方面的情况吗？

孔子：第一个看准我孔子可以利用的，是平民皇帝刘邦。汉高祖十二年（公元前195年），也就是我去世284年之后，刘邦首次祭孔。那时，刘邦已经消灭了项羽，解决了韩信，还战胜了颇有力量的异姓王英布。在凯旋回朝时，他特地打了个弯，转到曲阜来"祭孔"，用的是最高的祭天大礼，以"太牢"（牛、猪、羊各一）祭祀我。这可开了一个先例，"诸侯卿相至，常先谒，然后从政"（《史记·孔子世家》）。这当然是一种姿态，大文豪鲁迅说刘邦这是"盖亦英雄欺人，将借此收揽人心"。同时，他还封我的九世孙孔腾为"奉祀君"，负责主持日常的祭祀事务。这样，我的政治色彩一下被描浓了许多。

过鲁祀圣图（明代木刻）

图说汉高祖刘邦尊儒敬孔，以太牢祭祀孔子。在墓前有牛、猪、羊三牲陈于祭案。刘邦衣帝王之服恭敬于前，拱手鞠躬。图为刘邦即帝位后前往曲阜孔林祭祀之情景。后世帝王尊敬孔子，实乃始于汉高祖。

汉高祀鲁（选自明彩绘绢本《圣迹之图》）

鲁国人每年按时令祭祀孔子，后世的人在孔子庙中收藏孔子的衣、冠、琴、书，到汉朝两百余年从未断绝。汉高祖刘邦路过曲阜时，隆重地祭祀孔子。事见《史记·孔子世家》。

您的政治地位的确立,汉代是个关键,而董仲舒所起的作用更大。这样说可以吗?

《春秋繁露》书影

董仲舒在书中极力推崇《公羊传》的见解,阐发"春秋大一统"之旨,把"一统"之说说成是天经地义而不可改变的学说。

汉武帝像

汉武帝采纳了董仲舒提出的"罢黜百家,独尊儒术"的统治政策,让儒学成为正统思想。

孔子:董仲舒是个聪明人,他终于找到了我的学说中最可利用的东西,那就是《春秋》中的"春秋笔法"。我编定那书,是为了"拨乱世,反之正",是为了使"乱臣贼子惧"。董仲舒作《春秋繁露》,就是要阐发我的"微言大义",在此基础上,提出了"罢黜百家,独尊儒术"的政治主张。

独尊儒术,实际上也就是独尊我孔子。他的《对贤良策》中说的贤人、圣人,只有我孔子一人。他

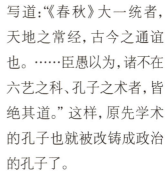

写道:"《春秋》大一统者,天地之常经,古今之通谊也。……臣愚以为,诸不在六艺之科、孔子之术者,皆绝其道。"这样,原先学术的孔子也就被改铸成政治的孔子了。

说得悲哀些,我也开始成为当政者手中的玩偶了。

要在"学术的孔子"与"政治的孔子"之间寻找平衡的是大史学家司马迁。他说您是"学者之宗",又讲您是"素王"。司马迁这样说,有何用意?

孔子: 司马迁倒是想如实评说,并非刻意要寻找平衡点。他说:"孔子布衣,传十余世,学者宗之。自天子王侯,中国言六艺者折中于夫子,可谓至圣矣!"(《史记·孔子世家》)他一面承认我是学者之宗,一面又说我是"素王""至圣",实在矛盾得很。前者从我的学术思想出发而言,后者是从我思想的客观效果而言,于是出现了"政治的孔子"与"学术的孔子"两副脸孔。

"六代含饴"匾额

孔府三堂内正上方,悬挂"六代含饴"匾额,为清朝乾隆皇帝于乾隆二十二年(1757年)题写。

画像石

成化碑

立于明成化四年(1468年),为孔庙巨碑之一。碑为修庙而立,认为"天不生孔子","万古如长夜","天生孔子实为生民立命,为往圣继绝学,为万世开太平者也"。正书,结构方整,书法刚劲。碑下有一像是乌龟的动物,其实不是乌龟,它叫"赑屃(bì xì)"。传说"龙生九子不成龙",各有所好。屃是龙的第八子,爱文又能负重,所以让它驮御碑。

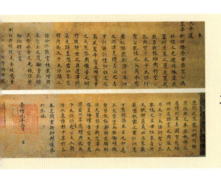

魏晋、南北朝时期，是武人作乱的时期。作为文人之祖的您，是否仍然得到尊崇呢？

圣旨

明崇祯元年（1628年）颁发，追赠孔子六十四代孙衍圣公孔尚贤为太子太保。

孔子： 在这漫长的时日中，我的地位仍然得到尊崇，而且有越来越被拔高的趋势。因为这些武人也知道，武力只能征服人的身，要征服人的心还得靠文人。统治者们对我的后代进行了封赏。魏文帝黄初二年（221年），封我的二十一世孙孔羡为宗圣侯；晋武帝泰始三年（267年），封我的二十二世孙孔震为圣亭侯；北魏孝文帝延兴三年（473年），封我的二十七世孙孔乘为崇圣大夫；北周静帝大象二年（580年），追封我的三十代孙为邹国公，并可世袭。

乙瑛碑

东汉永兴元年（153年）刻立。汉隶的代表碑刻之一。碑文为鲁相乙瑛奏请朝廷设官守卫孔庙的公文。

石台孝经碑（今存西安碑林博物馆）

《孝经》为孔子弟子曾参与孔子关于孝的谈话记录，共有十八章，二千八百八十三字。

一四八问孔子

有人说，盛唐时期也是儒学大盛的时期。这话符合当时的实际情况吗？

唐高祖像

孔子：从一定意义上说有些道理。唐高祖武德二年（619年），就诏国子学立周公、孔子庙，称周公为"先圣"，我孔子为"先师"。这样，我的庙就升为国家级的祭祀场所了。太宗贞观二年（628年），停祭周公庙，我孔子为先圣，颜回为先师。

给我更高地位的是唐玄宗。他于开元十三年（725年）封禅泰山后，亲至曲阜祭祀我，成为中国历史上第八位到我故地祭祀的君主。开元二十七年（739年），追封我孔子为"文宣王"。请注意：当年司马迁最多说我是"素王"，而事隔千年，我却被封为"真王"了。我的三十五世孙也从侯爵晋升为公爵。

唐高祖李渊，认为老子和自己一样为李姓之后，执行了一条尊崇道家的思想路线，但是很快又感到单是道家还压不住阵脚，于是改为儒道并重。唐高宗总章元年（668年）《旧唐书·高宗纪》有这样的记载："皇太子弘释奠于国学，赠颜回太子少师，曾参太子少保。"从"释奠于国学"一语看，可能此时已经把孔学与国学联系在一起了。

真宗祀孔图（清代木刻）

图中庙堂殿宇内供孔子牌位，宋真宗于堂前捧圭敬拜。后有宫人擎障扇，两宦伺立。殿前阶下有四名司礼的文官拱手陪祭。当时宋真宗加谥孔子为"玄圣文宣王"，后又改"玄圣"为"至圣"。

在唐代还有一件大事，那就是孟子上了"学科书"，也就是孟子的思想正式被统治者所认可。您怎么看这件事？

唐高宗像

唐高宗咸亨二年(671年)又有这样的规定："请王公百僚皆习《老子》，每岁明经一准《孝经》《论语》例试于有司。"《老子》要读，作为一种修养；而《论语》则既要读，又要考。

孔子：唐朝末年，身为太常博士的皮日休上书一折，名为《请孟子为学科书》。他称赞："孟子之文，粲若经传。……其文继乎六艺，光乎百氏，真圣人之微旨也。"又说，孟子推崇孔子，"功利于人亦不轻矣"。由此，建议将《孟子》像《论语》一样，列入国家肯定的"学科书"之中。皮日休的这份上疏当然顺理成章得到了采纳。这意味着"孔孟之道"的最后形成，我的"圣人"和孟子"亚圣"地位的确立。

圣堂释奠图（绢本笔绘）

此图绘日本元禄四年(清康熙三十年，1691年)，日本东京汤岛圣堂首次举行祭祀孔子的礼仪盛况。学官和乐工立正奏乐，学生则跪地遥拜。此为日本国内早期的祭孔仪式。

一五○问孔子

宋代推行的是文人政治,学术空气比较浓郁。两宋时期,你的学者身份再一次得以认定了吧?

孔子: 宋代思想比较自由,学派林立,尤其在南宋的宋孝宗时代,出现了与我所处时代相似的"百家争鸣"的兴旺局面。这就使当时的大思想家们又一次想到了学术的孔子。不过,宋代学者个个都有独立的思想,他们抬出孔子,打上我的旗帜,不过是假借我的名义,发挥的还是他们自己的思想。最后他们落脚点还在于"宋代孔子"朱熹,而朱熹背后又是那个宋王朝。这样的条件下,能全面恢复我的学术身份吗?

孟德斯鸠像

生活在18世纪上半叶的法国大思想家孟德斯鸠对中国儒学与孔子给予了很多的关注。他在写《论法的精神》一书时,引用了二十种中国儒学著作,其中引用得最多的是《论语》一书。

三教孔子像（明代木刻版画）

古松下三老者,居中为佛教之祖释迦牟尼。左为道教祖宗太上老君。右为孔子,腰间系一长剑,袖手如行礼作揖,身高于道、释二教主。作者似有尊师敬孔的儒家思想。

明清两代的统治者都知道尊孔的重要性，那时他们在手法上又有些什么变化呢？

利玛窦像

意大利人利玛窦来到中国，深感儒学博大精深。1594年，他自己翻译出版了拉丁文译本《四书》，在该书的序言中盛赞孔子是"东方文化的首领"。利玛窦也被西方人称为"基督教的孔子"。

明代戴进绢本笔绘孔子像

该图流传到日本，后为江户幕府直辖的昌平坂学问所收藏。

孔子：明代统治者的手法似乎更高明，可以归结为三句话：一是重儒士，二是尊孔圣，三是倡纲常。元至正十七年（1357年），朱元璋听说老儒朱升正隐居在石门山中，于是不辞辛劳亲赴石门山拜访。这位老儒虽身居深山，但对世间的形势了然于胸。他对朱元璋说了这样的九字方略："高筑墙，广积粮，缓称王。"这方略也的确管用，后来朱元璋得天下靠的就是这一手。除重儒士外，明统治者特别注重尊孔。从朱元璋开始，明代各朝皇帝都把我的后代接到南京，优礼相待。特别重要的是，把封建社会的"三纲五常"那一套东西附会在我的学说中，那样就更有利于统治了。

清统治者更是想通过优待"圣裔"、抬高我孔子来稳定自己的统治。顺治元年（1644年），原山东巡抚向清帝福临上了一道奏折，其中就说道："先圣孔子为万世道统之宗，本朝开国之初，一代纲常培植于此。"后来清帝这样做了，定了山东，也定了全国。康熙大帝还曾亲临曲阜祭孔，在那里颂读儒家经典呢！到大殿时，特书"万世师表"四字，我孔子的英名也到了极致。乾隆帝后来又一次到曲阜祭孔时，称我为"万古帝王师"呢！还向我的像行了三跪九叩首的大礼。

物极必反。五四运动中，一批觉悟的学者、知识分子，在思考中国的前途和出路时，首先把矛头对准了您，"打倒孔家店"的口号叫得震天响。您是怎样看待这一变故的？

孔子：正像你们说的，这是种物极必反的现象。越到后来，我越是成了封建礼教和封建道德的"玩偶"，原本的那个"我"实际上不存在了。经过"打倒孔家店"，不只中国社会受到了极大的清理和涤荡，以我为名义张扬于世的"孔学"也受到了极大的清理。共产党人李大钊说得好："余之抨击孔子，非抨击孔子之本身，乃抨击孔子为历代君主所雕塑之偶像之权威也。非抨击孔子，乃抨击专制政治之灵魂也。"（《自然的伦理观与孔子》）这样的抨击，有什么可非议的呢？

魁奈像

魁奈是法国国王路易十四的宫廷医师，重农学派创始人，又被称为近代第一个经济学家。他非常尊崇孔子及其思想，对于中国的《论语》作过这样的评价："一部《论语》即可以打倒希腊七贤。"

世界最大的孔子铜像

重达两千公斤，高四点五八米，铸于1975年。孔子面有喜色，寓意笑迎困难，无不逢凶化吉，化险为夷。现立于日本汤岛山坡的"仰高门"外。"仰高门"为进入圣堂的第一大门，取孔子崇高品德为"高山仰止"之意。

到20世纪80年代，中国在弘扬民族文化的旗帜下，兴起了学习民族经典的热潮，孔子和《论语》重新为世人所热议。请问先生，您是怎样看待这种新气象的？

伏尔泰像

西方启蒙运动的代表人物伏尔泰赞扬孔子"只诉诸道德，不宣传神怪"。对孔子的"己所不欲，勿施于人"，"以直报怨，以德报德"思想给予了高度评价。伏尔泰把中国戏剧《赵氏孤儿》搬上法国舞台，并加了一个别出心裁的副标题——《五幕孔子的伦理剧》。他对孔子十分尊崇，把孔子的画像悬挂在自己的居室里，朝夕礼拜，并书以颂诗："予所言者唯理性，实乃圣者非先知。天下不惑心则明，国人世人皆笃信。"

孔子： 这实在是好得很，为公正地、科学地、准确地对我和我的学说作出评价创造了条件。张岱年先生说："时至今日，可以说：尊孔的时代过去了，反孔的时代也已经过去了。现在的任务是以科学的、实事求是的精神来研孔、评孔。通过批判继承，综合创新，促使符合新时代精神的新文化的建立。"要说尊重我孔子，这才是真正意义上的尊重。我举双手欢迎这样一个大时代的到来。

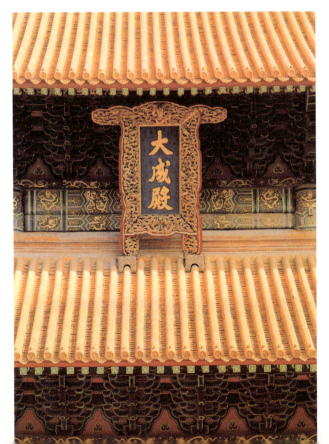

孔庙大成殿匾

"大成"，是孟子对孔子的评价。他说："孔子之谓集大成。"正中竖匾上刻清雍正皇帝御书"大成殿"三个贴金大字，以赞颂孔子达到了集古圣先贤之大成的至高境界。

163

冷静地作一思考，先生您的思想对两千五百年后的人们来说，是否还有价值呢？

孔子：当然是有价值的。儒学（或称之为"孔学"）从本质上来说，不属于我个人，而是中华民族集体智慧的结晶。孟轲称我为"集大成者"，这个称号我接受。我只是把众人的智慧集中起来，加以提炼升华而已。没有我"孔夫子"，历史一定会推出另一个"张夫子""李夫子"来担此大任。伟大的民族处于伟大的时代的时候，必定会把伟大的人物推向历史的前台的。

儒家的礼乐精神、中庸和谐的思想，如同人类的"福音书"，有助于消弭人间的种种争端，使世界和平天长地久。

儒家的"温良恭俭让""仁义礼智信"，是人类永恒的道德规范和道德追求，是人类走向自身完美的基石。

正像诺贝尔奖获得者在巴黎宣言中说的那样，为了人类的共存共荣，我们必须学会"回首两千五百年去孔子那里寻找智慧"。这是我孔子的光荣、中华民族的光荣，更是整个人类的光荣。

汤一介像

北京大学汤一介教授指出，重新肯定和发扬孔子的思想是有益处的。孔子生活在春秋末期，诸侯纷争，礼崩乐坏，天下无道，出现严重的道德危机。孔子极力主张进行道德教育和伦理建设，克己复礼，实现和谐的社会生活。"仁"是孔子思想的核心，《论语》中有一百零五处谈到"仁"，集中体现了孔子强调自身的修身养性和对他人的爱的思想。

大成殿

孔庙的正殿。唐代时称文宣王殿，共有五间。宋天禧五年（1021年）大修时，移今址并扩为七间。宋徽宗赵佶取《孟子》"孔子之谓集大成"语义，下诏更名为"大成殿"。清雍正二年（1724年）重建，九脊重檐，黄瓦覆顶，雕梁画栋。

进入21世纪以来，学习《论语》似乎成了一种世界时尚，孔子的影响不胫而走，海外戏称为"孔子的又一次周游列国"。先生对此怎么看？

至圣庙

至圣庙即孔庙，始建于公元前478年，仿皇宫建筑之制，分三路布局，九进院落，共有房屋四百六十六间，门亭五十四座。

孔子：其实，这种世界性的"周游列国"，早在两千年前的秦汉时代就开始了。我的思想和学说先是传到朝鲜和越南，由朝鲜传入日本，由越南传入东南亚和南亚各国，到16世纪的时候，又由来华的传教士传入了西方，后来的范围也就越来越大。

当然，在现今的全球化时代，我的"周游列国"的境况更是有所不同。2004年11月，中国第一所海外孔子学院在韩国挂牌成立。随后，美国、瑞士、法国、英国、巴基斯坦、新加坡等国相继成立孔子学院，现在，这样的研究机构已有三四百所。除了这种固定的孔子学院外，世界各地各种形式的孔子研究会、孔子讲座更是层出不穷。这是一种好现象。我首先把它看成是一种文化交流、文化融合，经过交流和融合，结果必然是文化的提升。只要我孔子能在世界文化发展中起到一点作用，那就是对我在天之灵的最大慰藉了。

孔子像（曲阜孔子学院）

孔子像（宋代马麟绢本笔绘）

图写孔子突额凹目，有"首上圩顶"之状，鼻准丰厚，牙露唇外，容貌不凡。身披开襟肥袖大袍，内套素洁衣裳，腰系青巾，袖手当胸，目光炯炯，开腔欲言之态，十分传神。

后 记

　　为了提高国民的文化自觉和文化自信,为建设社会主义文化强国添一块砖、加一片瓦,我们花费了数年时间编纂了这套定名为"提问诸子"的丛书。我们的人手不多,写作这样大部头的书稿实在有点勉为其难。好在大家都有决心,齐心协力地干,几易其稿,现在终于可以面世了。

　　有朋友看了样稿后赞道,这是对国学精当的阐释和大胆的浅化。这当然是同道的过誉和奖掖,对我们来说实不敢当。国学博大精深,涵盖了中国固有的文化和学术,除我们涉及的子学外,还包括医学、戏剧、书画、星相、数术等方面的传统文化。若以学科分,应分为哲学、史学、宗教学、文学、礼俗学、考据学、伦理学、版本学等,其中以儒家哲学为主流。若以思想分,先秦时期就有所谓的"诸子百家",形成了儒家、道家、法家、墨家、兵家等思想体系。我们触及的只是整个国学中的冰山一角,岂敢以偏概全? 所言"精当的阐释和大胆的浅化",倒确是我们的初衷之所在。这个"子"那个"子",历代统治者为了一己之利,早已把他们涂抹得面目走样了,为文化自觉和自信计,非得还其原本的真相不可。在"精当"两字上,我们确是花了不少气力的。至于浅化,那更是当务之急。"提高全民族文化素质,增强国家文化软实力",应是国策。既然这是关乎"全民""国家"的事,岂有不浅化之理?

　　需要说明的是,本丛书靠的是集体的智慧和力量。除了笔者的努力外,丛书主编黄坤明先生在选题和框架构想的设定上功不可没。在编撰过程中,得到了国家图书馆、上海图书馆、中华书局、商务印书馆、人民出版社、上海人民出版社、上海古籍出版社,以及诸子故居所在地纪念馆及地方政府的支持,他们给我们提供了大量的珍贵资料和照片,也提出了许多可贵的意见。在编写过程中,我们采纳了张晓敏、江曾培、李国章、陈广蛟、秦志华等先生的许多真知灼见，有关编辑胡国友、刘寅春、李梅、李琳、贺寅、周俊、金燕峰、孙露露、王华、王凤珠等作了精到的修饰和校正，在图文合成中，得到了梁业礼、王轶顺、本本、曾初晓、卢鹏辉、卢斌等的帮助，倪培民教授为丛书简介作了英文翻译，在此一并致谢。

当然，由于作者学力有限，必有偏差、失当和粗疏之处，在此诚望方家好友不吝指教，以待重版时修正。书中的图片有的是请友人实地拍摄的，有的是购买或有关方面赠送的，在此表示谢意外，谅不一一注明了。还有极个别图片已多处使用，且署名不一，实难确定作者。有的图片虽经寻访，但仍然找不到原作者。日后这方面的工作如有所进展，定当按相关规定付以稿酬。

作者

2011 年 10 月 18 日